Jesús de Galilea

Jesús de Galilea

Un Dios de increíbles sorpresas

VIRGILIO ELIZONDO

LOYOLAPRESS.
CHICAGO

LOYOLAPRESS.
3441 N. ASHLAND AVENUE
CHICAGO, ILLINOIS 60657
(800) 621-1008
WWW.LOYOLAPRESS.ORG

Diseño de portada: Kathy Greenholdt; diseño interior: Mia Basile.

Library of Congress Cataloging-in-Publication Data
Elizondo, Virgilio P.
[God of incredible surprises. Spanish]
Un Dios de increíbles sorpresas : Jesús de Galilea / Virgilio Elizondo.
p. cm.
Includes bibliographical references.
ISBN 978-0-8294-2577-2
1. Jesus Christ—Person and offices. 2. Hispanic American Catholics—Religious life. I. Title.
BT203.E5318 2007
232—dc22
2006038061

Impreso en los Estados Unidos de América
07 08 09 10 11 12 Versa 10 9 8 7 6 5 4 3 2 1

Dedicatoria

A mi familia, amigos, colegas y
al pueblo al que he tenido el privilegio de servir
en mis cuarenta años de ministerio parroquial en Texas:
Nuestra Señora de Los Dolores, San Antonio
Santa María, Stockdale
Sagrado Corazón, Floresville
Catedral de San Fernando, San Antonio
Santa Rosa de Lima, San Antonio

Índice

Reconocimientos

Quiero comenzar con un profundo agradecimiento al Dios de amor en cuyo misterio me he adentrado de una manera muy especial por medio de la amistad tan personal que durante toda mi vida he tenido con Jesús de Nazaret y la Virgen María. Ellos son quienes me han conducido por el insospechado significado de la vida, con sus innumerables luchas, tribulaciones, alegrías y fiestas.

Este libro jamás hubiera aparecido sin el constante apoyo, inspiración, impulso y sabiduría de mucha gente. Muchos de ellos ni siquiera los conozco, mientras que a otros los cuento entre mis amigos más cercanos. Primero que todo, la memoria de mis abuelos y de mis padres continúa siendo una gran fuente de fortaleza y sabiduría. Mi hermana Anita y su esposo Mario Valencia, con mis sobrinas y sobrinos y sus respectivos hijos: Marisa, Mónica, Paul y Mariel; Esther, Andrew, Sarah y Julián; James, Tara y Antonio Cruz, Robert y Kimberly; todos ellos siempre han sido una gran fuente de amor y de apoyo. La dedicación y la compasión del arzobispo emérito de San Antonio, Patricio F. Flores; de mi actual arzobispo, José H. Gómez, de los sacerdotes, religiosas y religiosos de mi Arquidiócesis y de grandes colegas como el obispo James Folts de la Diócesis Episcopal de West Texas, el pastor Buckner

Fanning de la Iglesia Bautista Trinitaria, el rabino Samuel Stahl del Temple Bethel, todos continúan siendo una viva experiencia del Dios de amor incondicional e ilimitado.

Muchas de las experiencias que narro en este libro tienen su origen en mis vivencias de juventud en la parroquia de Cristo Rey y en la interacción con la gente de las parroquias en donde he ejercido mi ministerio y servicio pastoral. Las Institutos Pastorales, las universidades y las diócesis donde he enseñado me han ofrecido la oportunidad de entrar en conversaciones profundas con los participantes. Muchas de sus intuiciones han llegado a ser parte de este libro. El trabajo enorme de expertos, cuyos libros y artículos he tenido oportunidad de estudiar, ha sido para mí una iluminación excelente, además de una instrucción y desafío. Me siento especialmente agradecido por la abundancia con la que se han generado en tiempos recientes estudios histórico críticos en torno a la realidad histórica de Galilea. Jamás me hubiera sido posible completar este libro sin esos aportes tan maravillosos. La variedad de sus sabias opiniones ha sido provocativa y emocionante. Han sido interlocutores permanentes en este diálogo y sus obras aparecen en la bibliografía.

El equipo de reflexión teológica del Centro Cultural México Americano (MACC), ha escuchado diligente y constantemente las voces del pueblo, ha discernido la presencia de Dios en sus luchas por la dignidad y han escudriñado en el estudio de las Escrituras para luego proclamar la riqueza bíblica de nuestras tradiciones latinas y de las celebraciones de nuestra fe. Muy particularmente, me siento en deuda con mis consultores bíblicos John Linskens, CICM, Juan Alfaro y Juan Mateos, SJ; con los "expertos del barrio"

Roberto Piña, Rubén Alfaro y Leonardo Anguiano; con los pastoralistas María Elena González, RSM, Rosendo Urabazo, CMF, Jane Hosttream, RSM, Dolorita Martínez, OP, Vicente López, O. Carm., y Rudy Vela, SM; con los liturgistas Casiano Floristán (qepd), Luis Maldonado y Rosa María Icaza, CCVI; los lingüistas Sylvia Sedillo y Ricardo Jiménez; las catequistas Anita de Luna, MCDP, y Ángela Erevia, MCDP; los teólogos Jacques Audinet, Raymond Brodeur, Dorothy Folliard, OP, Gustavo Gutiérrez, OP, Leonardo Boff, José Oscar Beozzo y Hill Wyndale, CICM; con el músico Carlos Rosas y la artista Consuelo Pacheco. Estas personas son sólo algunas de las que a lo largo de los años han formado parte del equipo de teología y pastoral de conjunto de MACC.

El equipo tan dedicado y creativo de Catholic Television of San Antonio bajo el liderazgo de Ronnie Pérez me ha enseñado la lógica del lenguaje visual y su importancia en la comunicación. Esto ha sido muy útil al reflexionar en la imagen del mensaje que nos traen las Escrituras. La parroquia de Santa Rosa de Lima, en donde ahora ejerzo mi ministerio como vicario, es un maravilloso ejemplo de las comunidades cristianas de los tiempos apostólicos. El párroco, Juan Alfaro, ¡cree verdaderamente que el pueblo es la Iglesia! Es una parroquia realmente multiétnica donde quienes llegan a celebrar con nosotros comentan el gran amor y la alegría que experimentan con nosotros. Es un lugar que verdaderamente se hace sagrado por el espíritu de bienvenida y de cuidadosa atención para todos y cada uno de nosotros.

Mis amigos, colegas y estudiantes de la Universidad de Notre Dame y en particular en el Departamento de Teología y en el Instituto de Estudios Latinos son una gran fuente de información, conocimiento y sabiduría. Cabe añadir que trabajamos, nos divertimos y oramos juntos. Estoy muy agradecido con mis estudiantes que me han proporcionado valiosas percepciones, especialmente Penny Wolf, Justin Campbell, Edgard Hernández y Jason McMahon. Me siento especialmente agradecido con los profesores John Cavadini, Gustavo Gutiérrez, OP, Robert Krieg y Mary Doak por su revisión y comentarios a esta obra. Los profesores Timothy Matovina y Daniel Groody, CSC, me han acompañado pacientemente durante varios años en las diversas fases de este trabajo; son ellos quienes me han animado y ofrecido sus sugerencias y puntos de vista muy valiosos. La experiencia de Daniel, compartida desde lo íntimo de su corazón con los latinoamericanos que tratan de venir a Estados Unidos en busca de trabajo, ha profundizado y ampliado mi conciencia del poder de la fe y de la esperanza para sobrevivir frente a las circunstancias de muerte más amenazantes. ¡Estas personas arriesgan privaciones y aun su propia vida por amor a sus familias! Mucho de la sabiduría de Tim y de Dan se ha entretejido a lo largo de estas páginas y la amistad que me une a ellos es una fuente perenne de fortaleza.

La inspiración y el apoyo del Institute for Latino Studies ha sido ilimitada. La visión del director-profesor Gilberto Cárdenas, es un desafío y entusiasmo para mí. La amistad y el apoyo de todo el equipo es algo maravilloso. Estoy agradecido especialmente por la asistencia brindada a fin de que este libro llegara a buen término a María Teresa Garza, Anthony Suárez y Marisa Márquez. Gracias por su ayuda experimentada al ofrecer sugerencias, al reunir la bibliografía, al investigar puntos específicos, al revisar las pruebas y las referencias bíblicas, y al hacer todo el trabajo que fue necesario para concluir este hermoso proyecto.

Otros colegas, cuya amistad y comentarios me han ayudado mucho, incluyen a María Pilar Aquino de la Universidad de San Diego; Alejandro García-Rivera, de la Escuela Jesuita de Teología en Berkeley; Eilish Ryan, CCVI, del Instituto Pastoral de la Universidad del Verbo Encarnado; David Carrasco, de Harvard Divinity School; Roberto Goizueta de Boston College; Timothy Scully, CSC, Richard Warner, CSC, Michael Lee y Natalia Imperatori-Lee de Notre Dame; María Elena González y Janie Dillard de MACC; David García, Felipa Peña, Joann Montez y María Esther Bernal de la Catedral de San Fernando, en San Antonio, Texas.

Desde la primera lectura del manuscrito, quien más me ha apoyado y aconsejado ha sido mi gran amigo, Jim Langford, un profesional de enorme visión, compasión y sabiduría. Quiero también dar las gracias tanto a Kathy Greenholdt como a Mia Basile por el diseño tan lindo de la portada e interior, respectivamente; a Miguel Arias y a Carlos Maciel por el inmenso trabajo editorial realizado en torno a este libro. Finalmente, a mi amigo Edgard Beltrán, por tomar la responsabilidad y desafío de traducir la presente obra.

Finalmente, estoy muy agradecido por el amor y el apoyo de tantos amigos míos, personas de distintas razas, grupos étnicos, religiones y clases sociales. En cada uno de ellos he palpado y experimentado más y más la bondad, la belleza y el amor infinito de Dios.

CAPÍTULO 1

Un amigo de la familia

Les llamo amigos –Juan 15:15

Crecí en la tradición mexicana del cristianismo que está sustentada en dos iconos o figuras principales: *Jesús Nazareno,* que sufre por nosotros en la cruz y que nos acompaña en nuestras luchas; y *Nuestra Señora de Guadalupe,* quien reina majestuosamente en el templo de nuestro corazón y así nos ofrece todo su amor, defensa y protección. Jamás aparecieron como doctrinas que hay que creer o como verdades abstractas que hay que memorizar, sino como personas amadas con quienes conversamos mientras recorren con nosotros el diario caminar de nuestra vida. Desde mi niñez crecí con la seguridad de que podía poner toda mi confianza en ellos, puesto que nunca me fallarían, ni me desilusionarían o me abandonarían. Crecí sabiendo que en ellos y por medio de ellos descubriría las respuestas a los muchos interrogantes y enigmas de la vida. Luego de una larga vida y de muchos estudios en varias disciplinas, no tengo ninguna razón para comenzar ahora a dudar de esto. He reflexionado mucho y he escrito un poco acerca de los dos: Nuestra Señora de Guadalupe y Jesús el Galileo, pero ahora quiero explorar más profundamente dentro del misterio y el regalo del Verbo hecho carne que hoy camina en medio de nosotros, una serie de sorpresas tan increíbles que cualquiera de nosotros no se hubiera atrevido siquiera a imaginar.

En nuestros barrios jamás escuchábamos algo acerca de las doctrinas cristológicas de la Iglesia; sin embargo, conocíamos muy bien a Jesús de Galilea. Desde los primeros años de mi vida lo conocí como mi amigo y compañero cercano. Estuvo muy presente en el tabernáculo como Jesús Sacramentado y fácilmente lo visitábamos con frecuencia y encontrábamos en él a nuestro mayor confidente. En nuestras casas veíamos una gran variedad de imágenes muy vivas acerca de él, y no sólo ahí, sino también en nuestros barrios y nuestras iglesias. Canciones sencillas, como los corridos de nuestro pueblo, lo mantenían vivo en medio de nosotros. Las celebraciones rituales de las Posadas (José y María que buscan posada en un lugar para pasar la noche y encontrar un lugar en el que Jesús pudiera nacer), la acostada del Niño Dios y el levantamiento (Presentación del Niño Jesús) el 2 de febrero, y las representaciones vivas de la Semana Santa; todo esto ha mantenido a Jesús muy humano en nuestra vida y en nuestras comunidades.

Desde el niño en el pesebre o en los brazos de su madre, hasta aquel que desde la barca calma el miedo de los temerosos pescadores y aquel que alimenta a las muchedumbres o goza en la mesa con toda clase de personas; desde aquel que lava los pies de los demás, hasta el que sufre la agonía en el huerto, que es azotado, coronado de espinas y crucificado; ese Jesús de las narraciones evangélicas ha estado muy vivo en medio de nosotros. En la cruz no fue una figura angélica o un sumo sacerdote, sino una víctima humana de la injusticia, golpeado, sufrido, sangrante; una víctima humana sufriente de la injusticia, viviendo a la vez una muerte sumamente dolorosa, exactamente como la gente que ha sido y es víctima de la injusticia. En su inimaginable debilidad, humillación y aparente derrota, nos comunicó su poder para aceptar todo lo que nos venga en la vida y nunca darnos por vencidos. Este Jesús tan real, de carne y hueso, es mi Salvador. Él no es una enseñanza más de la Iglesia, sino uno de nosotros en quien nuestra vida tienen significado. No tengo problema alguno con las enseñanzas cristológicas de nuestra Iglesia, pero el Jesús que conozco y busco para seguirlo no puede reducirse a una simple doctrina igual que como tú y yo no podemos ser reducidos a una simple definición acerca de nuestra identidad. Somos mucho más. El Jesús que nos acompaña a lo largo de nuestra vida y que sufre con nosotros en nuestras aflicciones ha sido una inagotable fuente de valor en nuestra cultura. Jesús Salvador es una figura tan popular entre nosotros que con frecuencia le ponemos a nuestros hijos los nombres de Jesús, Jesusita, Salvador, Encarnación, Cruz y otros nombres semejantes.

Por mucho que sepamos acerca de Jesús Salvador, de igual manera somos muy conscientes de la fuerza destructiva del pecado que nos rodea. Aun nuestros juegos, como *la piñata,* nos hacen conscientes de la presencia del demonio que nos engaña.

Las piñatas siempre eran hechas en forma de demonios o en forma de bolas a las cuales se unían siete picos, que significan los siete pecados capitales. Nos vendaban y nos daban una vara para romper la piñata. La lección: en nuestra vida el demonio se acerca a nosotros desde diferentes direcciones y se disfraza de diferentes maneras. Es nuestra tarea luchar contra el demonio y así la gloria de Dios desciende sobre cada uno de nosotros. El premio estaba dentro de la piñata y de esta manera no importaba quién la rompiera, el premio sería compartido por todos.

Desafortunadamente no eran sólo nuestros juegos lo que nos ponía alerta ante la presencia del mal a nuestro derredor. Supimos también de robos, crímenes, estafas, venganzas, mentiras, desprecios raciales y étnicos, golpizas, insultos humillantes, y aun asesinatos. Pero por encima de todo esto, éramos muy conscientes de los prejuicios horribles que muchas personas tenían en contra de nuestros vecinos afroamericanos y nosotros mismos. Había gente que nos ponía apodos horribles, nos sacaba de muchos lugares debido al color de nuestra piel, que nos ridiculizaba a causa de nuestro acento, nos advertía que no podríamos tener éxito en la escuela ni en la sociedad ya que no éramos lo suficientemente inteligentes; nos sacaban de los seminarios y de los conventos ya que no éramos étnicamente puros ni lo suficientemente santos para merecer estar dentro.

Los nuestros nunca estaban presentes en posiciones de liderazgo en nuestra Iglesia, la escuela o la sociedad, como si el mismo Dios no tuviera confianza en nosotros. Teníamos que ser dóciles siervos de la sociedad dominante. En nuestro corazón sabíamos bien que esto no era correcto, y puesto que mucha gente que nos trataba como seres inferiores y sin valor eran aparentemente buenas personas, solo podíamos atribuir su asco hacia nosotros, no a su malicia sino a un mal más profundo. Con el tiempo llegué a reconocer este mal más profundo como un pecado estructural, como una violencia estructural, que lleva a "gente buena" a perpetrar actos malos y horribles, al mismo tiempo que siguen convencidos de que está bien lo que hacen. Es este mal estructural lo que distorsiona, confunde y algunas veces pervierte nuestra imagen y el aprecio de otros, de Dios y, peor aún, de nosotros mismos. Este pecado estructural es el que ciega a la gente para ver la verdad (Mateo 23:16–26, *Catecismo de la Iglesia Católica,* 399). ¿No fue esto lo que le sucedió exactamente a gente buena y santa que condenó a Jesús como poseído por el demonio, como un blasfemo y un criminal común, en tanto que seguían convencidos de que hablaban en nombre de Dios? ¿No fue este el verdadero "pecado del mundo" (Juan 1:29) que Jesús vino a derrumbar, las verdaderas estructuras de la sociedad que no pudo apreciarlo y que finalmente lo mató? ¿De qué manera respondió Jesús a todo esto? ¿De qué manera responde Jesús hoy a esta realidad?

La búsqueda de un conocimiento mejor de Jesús Salvador, y de un conocimiento progresivo de mis amigos, ha estado conmigo desde hace muchísimo tiempo, pero se ha intensificado a medida que he ido creciendo y avanzando en edad. Conocer a Jesús solamente como un ser divino no es problema porque lo divino siempre es un misterio que está muy lejos de nosotros para entenderlo totalmente; pero conocer a Jesús como humano es toda una aventura. Nunca podemos seguir a un Jesús puramente divino porque no somos divinos, pero sí podemos seguir al Jesús humano, a un

Jesús que entró en nuestra vida precisamente para mostrarnos ese camino. Es precisamente en su humanidad donde se manifiesta su divinidad (*Catecismo de la Iglesia Católica,* 515), y al seguir su camino nuestra humanidad llega a divinizarse. Para muchos, Jesús de Nazaret continuará siendo el gran escándalo como lo fue en su propio tiempo y en la primera comunidad cristiana. Por este escándalo de Jesús de Nazaret fue tan difícil apreciar la verdad de lo que san Pablo escribió: "Nadie puede decir: 'Jesús es Señor', si no está movido por el Espíritu Santo" (1 Corintios 12:3). ¿Quién es realmente Jesús de Galilea y por qué Dios se hizo un hombre, para así revelarnos el corazón y el rostro de Dios?

La idea de continuar mis reflexiones acerca de Jesús de Galilea ha venido fraguándose en mi mente y en mi corazón durante varios años, pero por una razón u otra no me había lanzado a escribir sobre esto, como si el tema necesitara más tiempo para desenvolverse y desarrollarse. Fue mientras estuve al cuidado de mi madre en su lenta agonía cuando sentí la energía de reavivar este proyecto. Fue como si su presencia al dormirse me hubiera dado la inspiración y la energía para seguir adelante.

A partir de la publicación de *El caminar del galileo. La promesa México Americana* (1983), mis amigos me habían urgido a desarrollar más el tema de Jesús Galileo. ¿Cómo Jesús el Galileo llega a ser el Cristo para personas que se sienten condenadas a la exclusión y a la marginalización por causa de sus orígenes mezclas étnicas y raciales? ¿Por qué Jesús el Galileo ha sido una figura salvífica tan fuerte para el pobre y el marginado de América Latina, en especial en su humillación final, sufrimiento y crucifixión? ¿Hay algo insospechado en el Jesús humillado que los de la cultura dominante no han detectado? ¿Hay algo en la identidad colonizada del Galileo que la gente que no ha sido colonizada no sospecha? ¿Hay algo que el pobre y explotado, el quebrantado y humillado, el ridiculizado y separado del mundo sí ha percibido, pero que el poderoso de este mundo ha omitido? ¿El escándalo humano de Jesús ha resultado ridículo, demasiado lejano y distante para la gente buena y delicada de este mundo, mundo estructurado por el pecado y la injusticia?

El Espíritu de la verdad los irá guiando en la verdad toda –Juan 16:13

Jeroslav Pelikan, en su libro *Jesus through the Centuries: His Place in the History of Culture* [Jesús a lo largo de los siglos: su lugar en la historia de la cultura], ha demostrado magistralmente cómo diferentes edades en diferentes culturas han elaborado distintas y variadas imágenes de Jesús que ha permitido a la gente de ese espacio y tiempo concreto reconocer a Jesús como su sanador, liberador y salvador. Por otra parte, al escribir acerca de Jesús de Galilea, cada una de las culturas, en efecto, ha producido una imagen derivada de su propio ideal. Al buscar conocer a Jesús de Galilea, han llegado a conocerse a sí mismos, no como los otros dicen que ellos son, sino como ellos realmente son. Tal cosa de ninguna manera significa que han escrito un nuevo evangelio o que solamente han ajustado el evangelio a sus necesidades, sino que han descubierto aspectos del evangelio que los demás no habían advertido o enfatizado.

Puesto que Jesús nació y creció en circunstancias muy similares a la experiencia méxico-americana, es cierto que lo encontramos y lo conocemos en una manera muy personal. ¿Y quién puede entendernos mejor que aquellos que nacieron y crecieron entre nosotros, o al menos en similares circunstancias? Tienen una intuición hacia nosotros como ningún otro. Tal es la historia de Jesús que creció en Nazaret, un pueblo rural en la multiétnica colonia romana de Galilea. Como bellamente lo expresa la lengua francesa, solo cuando podemos *connaitre* –nacer con– podemos conocer a otro. El verbo francés *connaitre* significa conocer una persona, es una combinación de las raíces de las palabras *con y nacer.*

Debido a mis continuas luchas por la identidad y por las raíces de mi vida y, gracias a lo que he descubierto también en la vida de otras personas que comparten otra raza mezclada en minorías étnicas y raciales, he concluido que la percepción social de la identidad terrenal de Jesús resulta hoy algo de capital importancia para nosotros. Yo mismo me he hecho esta pregunta cada vez con más y más intensidad: ¿En qué clase de hombre Dios se encarnó? ¿Con qué acento habló? ¿Mezclaba los distintos idiomas de su región en la misma forma como nosotros lo hacemos hoy, algo como *aramgriego* al igual que nuestro *spanglish?* ¿Tenía un lenguaje de gente elegante? ¿Cómo veía a Jesús la gente elegante de su tiempo? ¿Cuál pasaporte tenía que portar y qué clase de visas le fueron negadas? ¿Cómo la gente reaccionaba ante su apariencia y su raza? Por qué debido a su encarnación, como Juan Pablo II lo señala en su primera encíclica, *Redemptoris hominis,* cada detalle de la vida de Jesús es parte de la revelación. Esta pregunta resuena dentro de mi cabeza y mi corazón: ¿Quién, hablando humanamente, fue Jesús de Nazaret, y por qué Dios se hizo este ser humano tan particular, alguien estereotipadamente marcado, para ser el salvador del mundo? ¿Cuál es el elemento de salvación en esta identidad terrenal? Después de todo, Dios no inició la salvación de la humanidad siendo parte de los grandes imperios de este mundo que conquistan y colonizan, sino desde el marginado pobre que forma parte de los pueblos colonizados de este mundo. Precisamente él no convirtió al colonizado en colonizador, sino que le concedió iniciar algo nuevo que va más allá de las categorías de colonizador-colonizado.

Conocerán la verdad y la verdad los hará libres –Juan 8:32

Entre más reflexiono acerca del Jesús humano de los evangelios, más descubro cuánto tiene para ofrecer a las mujeres y hombres de hoy que luchan bajo el peso de su baja estima, y de las ideas erróneas de incapacidad, inferioridad y an de feauldad que se divulgan por todas partes. Al mismo tiempo, otros no llegan a apreciar la belleza y la bondad de Dios si configuran a otros como feos, inferiores e indeseados. Es asombroso constatar el hecho que especialmente entre las minorías la gente piensa que ellos son menos humanos, menos útiles, menos capaces de alcanzar éxitos y menos hermosos que las personas del grupo dominante. Esta baja estima de sí mismos junto con la convicción de que no se puede obrar tan bien como los demás, son algunos de los elementos más destructivos y opresivos con los que muchas personas tienen que convivir. Este tipo de categorías separatistas presentes en unos y otros es lo que impide ser parte activa de la unidad en la raza humana tal y como lo deseó nuestro Creador. Esto es lo que lleva a quienes ya han sido víctimas del pecado de este mundo a cometer ellos mismos el pecado tan destructivo de no creer en sí mismos, ¡como si Dios hubiera creado basura!

Durante mis muchos años de enseñanza en distintas universidades y especialmente durante mi ministerio sacerdotal en la Catedral de San Fernando, que es en mucho la Catedral del pobre en San Antonio, he sido más y más consciente de cuán profundamente la autoestima e identidad propia afecta la vida de las personas, les condiciona su ambiente social y limita o agranda sus posibilidades. Muchos estudiantes no participan en el diálogo de las clases por un íntimo y profundo temor de sentirse menos que los demás estudiantes o peor aun, por pensar que son inferiores a los demás. El temor es aun más intenso entre los estudiantes de minorías oprimidas. Con frecuencia se quedan callados, no porque no estén pensando bien, sino porque temen que su manera de hablar no sea aceptada o no sea lo suficientemente bonita para merecer ser escuchada o aún peor, por pensar que no tienen nada valioso que aportar. Aunque, de hecho, es común que tienen los puntos más valiosos para ofrecer a los demás.

Lo que ha llegado a ser cada vez más creciente, y con el correr de los años uno de los factores más desmoralizadores y más esclavizantes en la vida de personas de razas mezcladas o con mezcla étnica, es el sentimiento constante de "no pertenecer del todo" a uno de los grupos principales o de no ser tan hermosos como aquellos de otro grupo principal dominante. Esto engendra profundos sentimientos de vergüenza en el aspecto y apariencia propia y de desprecio por la nueva identidad cultural. No obstante, hay que reconocer que con frecuencia, la belleza, creatividad y capacidad resulta de una nueva combinación de genes (me atrevería a decir genes culturales, lingüísticos, religiosos y biológicos) que vienen juntos en el *mestizo*, una persona que es el fruto de una mezcla de razas y, por lo tanto, esta nueva combinación tan valiosa de genes no es apreciada y aun a veces es desdeñada.

He experimentado que al presentar este Jesús de Galilea a gente mestiza y a otras personas marginadas no sólo ha sido muy emocionante sino que también les ha servido como medicina, como liberación y les ha comunicado más vida. Debido a esta mezcla galilea, Jesús fue capaz de ir más allá de los límites de segregación de la idea de pureza de su pueblo e inició una nueva hermandad universal que ofrece una esperanza real a la humanidad al echar por tierra las barreras tribales, étnicas, religiosas y raciales. Las identidades cerradas conducen a la construcción de barreras de separación que son con frecuencia, como hoy es evidente, la base de odios, pandillas, esclavitudes, segregación, guerras y aun holocaustos. Crece en mí la convicción de que lo más grande y mejor que el cristianismo tiene para ofrecer al mundo es el Jesús Galileo, quien fuera de toda marginalización, ofrece una nueva hermandad universal: la unidad en la diversidad y una nueva humanidad en la amorosa mezcla de los pueblos. Este es el Jesús que, por la causa de la unidad humana, rompe las barreras de separación construidas por el ser humano, sin importar qué tan sagradas sean o parezcan ser, y es este Jesús quien, por bien de la humanidad entera va más allá de todos los sistemas humanos de pureza de cuerpo y sangre en aras de la verdadera pureza que viene de Dios: este amor está mucho más allá de todo límite. Después de todo, ¿no hemos sido todos invitados a compartir su propio cuerpo y sangre de tal manera que nuestro cuerpo y sangre no sean motivo de separación y muerte? Por lo tanto, el Señor resucitado y todos los que con él resucitan, ya no es más éste o esto (en el sentido limitado como esto ha funcionado) sino alguien completamente humano y completamente vivo.

El Jesús humano ponde al descubierto las mentiras del mundo y la verdad de Dios acerca del ser humano y aun acerca de Dios mismo. Es muy cierto que Jesús nos revela un Dios lleno de amor y belleza. Pienso que es aún más importante y más revolucionario el que Jesús nos revela a nosotros mismos la verdad, la bondad y la belleza que nosotros mismos poseemos y así también lo revela a los demás y en esta forma está revelando el verdadero semblante y el verdadero corazón del Dios a cuya imagen hemos sido creados. Ese Jesús que fue un escándalo para el mundo desde el momento de su concepción y quien murió condenado como un criminal, es la revelación más grande de lo que es en realidad un ser humano bueno, bello y verdadero. Es este Jesús la verdad y la vitalidad total de nosotros mismos. En él, con él y por él podemos descartar los estereotipos bajo los cuales hemos vivido y podemos exclamar desde lo más profundo de nuestro ser: ¡SOY YO! Yo soy un ser humano, bueno, bello y verdadero, ¡Tanto es así que el mismo Dios quiso enviar a su Hijo para que diera su vida por mí! Me parece admirable cómo en los momentos más vulnerables en la vida de Jesús y en sus acciones más escandalosas, fueron reveladas las verdades más profundas acerca de la humanidad y acerca de Dios. A medida que me sigan acompañando en los siguientes capítulos, vayan reflexionando sobre sus propias experiencias de sufrimiento y de lucha porque así esta verdad acerca del Galileo los irá sanando y haciendo libres a la vez que los irá llenando de la plenitud de ser verdaderamente humanos.

Mediannte Jesús de Galilea el oprobio se transforma en una vida nueva y triunfante. Ya no más deshonra, sino dignidad, gratitud y aun, un sentido de misión. Ya no más complacencia con el *status quo* dominante, sino un espíritu nuevo y creativo con una visión y unos valores nuevos. Como escribió Pelikan, "La forma en que cada era en particular ha descrito a Jesús, frecuentemente es la llave para entender el genio de dicha era" (Pelikan 1987, 3). En nuestro amigo Jesús emergerá una humanidad nueva que dejará atrás todas las barreras raciales, étnicas y religiosas que destruyeron en gran medida la humanidad en las generaciones pasadas y que aún hoy continúan destruyéndola de distintas maneras. Esto otro será de verdad una nueva creación.

CAPÍTULO 2

Tan humano que debe ser divino

Y la palabra se hizo carne y habitó entre nosotros –Juan 1:14

¿No es esta una afirmación increíble? El Dios eterno se hace a un tiempo concreto y determinado. El Dios infinito se hace un espacio muy específico y particular. El Dios universal se hace un hombre culturalmente determinado. El Dios todopoderoso se hace completamente vulnerable en Jesús, el hijo de María, el hombre de Galilea. Y lo que es aun más increíble es que tú, yo y muchos otros lo conocemos en persona.

Puesto que creo que Jesús de Nazaret es mi salvador y me consta cómo, de muchas maneras, ha sido mi médico y liberador (así lo describo en *El futuro es mestizo: vivir donde se juntan las culturas*), quiero conocer más de él como un ser humano; es precisamente por medio de su humanidad que ha redimido nuestra propia humanidad y nos ha rehabilitado en nuestra belleza y dignidad originales como creados a imagen y semejanza de Dios. En su renovado interés por la evangelización, mi propia Iglesia ha enfatizado el encuentro personal con Jesús de Nazaret como el centro de esa evangelización. No obstante, ¿quién es este ser humano Jesús de Nazaret y por qué Dios se hizo en Jesús, ese hombre concreto, en lo particular y en lo social como lo fue en realidad? ¿Cuál es el significado salvífico de la misma persona de Dios cuando se hizo carne?

Recuerdo muy bien al gran maestro de Biblia Luis Alonso Schökel, antiguo vicerrector del Pontificio Instituto Bíblico de Roma, quien dijo: "Puesto que es por medio de la Biblia y, por encima de todo, por medio de la Palabra hecha carne, como Dios escogió revelarse a sí mismo en lo humano, solamente en el grado en que apreciemos la humanidad de las Escrituras podremos apreciar su divinidad". De esta manera, probar la dimensión humana de las Escrituras es probar los caminos de Dios revelados en las luchas de los seres humanos para llegar a ser plenamente humanos. Toda la Biblia es un testimonio directo de la revelación de un Dios lleno de amor que nos cuida a lo largo de nuestras luchas por pasar de la esclavitud a la libertad, de ser marginados a incluidos, de ser despreciados a ser reconocidos positivamente, para pasar de ser prisioneros a la libertad gozosa, de ser rechazados a ser aceptados, para dejar de ser "nadie" y ser "alguien". La revelación en la Biblia es acerca del Dios que escucha el llanto de su pueblo, ve su sufrimiento y viene a salvarlo. El Dios de la Biblia es el Dios de las luchas de la humanidad por la libertad, la dignidad y la pertenencia (Éxodo 3:7–8).

Lo maravilloso de nuestra fe cristiana es que creemos que es mediante de la humanidad de Jesús que llegamos a conocer a Dios personalmente. El teólogo brasileño, Leonardo Boff, en su libro *Jesucristo liberador* nos ofrece este bello pensamiento cuando afirma que al término de la incómoda pregunta de quién realmente fue Jesús de Nazaret, la primitiva comunidad cristiana llegó a la conclusión de que precisamente por ser tan plenamente humano, ¡Jesús tuvo que ser divino! Así pues, lo humano y todo lo relacionado a la situación humana llegó a ser elemento esencial de la revelación e integrante esencial del proceso redentor (*Catecismo de la Iglesia Católica*, 515–518). No conozco ninguna otra religión que respete y exalte lo humano en una manera tan grande y singular como lo es nuestra fe judeocristiana y helenista. En él será revelada la verdadera imagen de lo humano.

Hemos sido creados a imagen y semejanza de Dios, pero es el hombre Jesús en quien se da la revelación definitiva de Dios y de la verdadera humanidad como creada por Dios. En Jesús de Nazaret descubrimos la verdad de Dios y la verdad de lo humano, quién es verdaderamente Dios y qué significa de verdad el ser humano. Ningún grupo humano en sí mismo o una religión en sí misma posee el monopolio exclusivo de la verdad acerca de Dios y de lo humano. De hecho, como humanos que somos, en busca de lo absoluto ¡llegamos a crear ídolos! En su vida y en su mensaje, Jesús ofrece una síntesis de los elementos que humanizan más entre las distintas tradiciones étnicas que circulaban en su nativa región de Galilea, el gran círculo de los gentiles. Desde Galilea, tierra de oscuridad e ignorancia y mezcla de muchos pueblos, aparecerá la gran luz para las naciones (Mateo 4:15–16). Otra de las sorpresas de Dios.

En nuestro cristianismo mestizo de América Latina no son ni las imágenes descarnadas de Cristo resucitado ni los grandes títulos teológicos lo que llama la atención de la gente, sino las figuras que dibujan a Jesús de Nazaret plenamente humano, ya sea como bebé o como niño y muy en especial como el Varón de dolores. Nunca su divinidad nos es más clara que durante nuestros rituales populares del Viernes Santo. Es en su inmensa capacidad de soportar sus sufrimientos, aun en su flagelación, coronación de espinas y crucifixión como mejor revela su divinidad. El hispano ordinario y pobre parece que tiene un impulso e inspiración que le permite descubrir el brillo de la divinidad mediante lo que, según algunos modelos de grandeza, éxito y belleza se consideraría un fracaso y una desgracia.

En años recientes se han escrito muchos trabajos finísimos acerca del Jesús histórico, el Jesús terrenal, el Jesús real, el Jesús judío y aun el Jesús greco-romano. He estudiado personalmente a todos ellos y he gozado enormemente su estudio, además de haber aprendido mucho acerca de la cultura, la sociedad y religión de Jesús. Los estudios realizados por estos magníficos académicos me han conducido e iluminado en gran medida, pero todos parecen "quedarse cortos" en cuanto a la cuestión teológica de la encarnación. ¿Por qué razón Dios se hizo carne en esta forma particular en la que Dios se hizo Jesús de Nazaret en Galilea con miras a redimir la humanidad?

Parece que estos estudios conducen a una senda fascinante pero se quedan cortos al llegar al meollo del asunto. Precisamente esta "encarnación redentora", ¿de qué redimió a la humanidad? ¿Por qué fue necesario que sucediera de esta manera tan particular? ¿Por qué estos detalles sociales y culturales se ven como importantes en el proceso salvífico de Dios? ¿Qué valor tienen en la salvación de la mujer y el hombre de nuestro tiempo? ¿Cómo esto hace una diferencia en la vida de quienes quieren seguir los pasos del Maestro, de quienes quieren andar el camino? Estos estudios me han ayudado definitivamente para ver y apreciar a Jesús el Galileo en su entorno sociocultural, pero es el pueblo pobre y deshumanizado que lucha por hacerse reconocer como seres humanos y por ser aceptado como raza humana, quien me ha llevado a profundizar en la teología de los aspectos que tienen que ver con el campesino marginado de Galilea, quien desde allí nos invita a todos a entrar al Reino de Dios. Claro, él fue un gran hacedor de milagros, maestro y profeta, pero hay otras cosas además de todo eso. No puede clasificarse fácilmente en juicios y categorías ordinarias. Así pues, ¿quién fue él? De ahí que resulte crucial el saber no sólo que Jesús invitó a todos a seguirlo, sino más importante aun, quién fue este Jesús que hacía dicha invitación.

Para los hombres y mujeres de hoy, Jesús fue el Hijo de Dios, pero ¿quién fue Jesús para la gente de su región y de su tiempo? Después de todo, no es precisamente más importante lo que se está diciendo, sino quién lo está diciendo. ¿Qué credenciales presenta? ¿Con qué autoridad dice lo que dice? ¿Es buena y correcta su forma de hablar?

Declaraciones emitidas por personas importantes y muy conocidas son escuchadas con muchísima atención; sin embargo, las observaciones presentadas por personas como Genoveva Martínez, la cocinera del restaurante, o por Eusebio Pérez, un inmigrante no-autorizado, son ignoradas con facilidad e incluso hasta ridiculizadas, sin tener en cuenta lo muy inteligentes y profundas que pudieran ser. La reputación o la situación social de la persona que habla es básica en la aceptación de cualquier comunicación. La gente presupone que las palabras que vienen de una persona famosa serán importantes, mientras que usualmente no ponen atención a lo que dicen personas consideradas como insignificantes.

Quienes escribieron los evangelios no fueron grandes eruditos o académicos, sino humildes seguidores de Jesús que escribieron para sus propias comunidades lo que se acordaban y así trataron de transmitirlo a los demás (*Catecismo de la Iglesia Católica,* 515). No estaban escribiendo tesis doctorales sino el recuerdo de una persona que había transformado su vida, de alguien que les había presentado una forma completamente nueva de verse a sí mismos, de percibir a los demás y a la sociedad en general. Estaban escribiendo sencillamente acerca de alguien que les había abierto sus ojos y sus mentes para ver y entender de una manera enteramente nueva y, sobre todo, les había abierto sus corazones para amar como nunca antes se había oído que fuera posible amar (Lucas 23:13–53). Esos escritores de los evangelios bien podrían parecerse a muchas personas de nuestro tiempo, por ejemplo, a los cursillistas, quienes escriben lo que ha significado para ellos y ellas su experiencia de *Cursillo* para así contar a otras personas la alegría y el gozo experimentado que ha cambiado totalmente su propia vida. (El Cursillo es una experiencia de un fin de semana muy intensa y emotiva que da a los participantes un encuentro muy personal con Jesús como el Señor y salvador de su vida. Con frecuencia produce una conversión profunda y les cambia la vida a los participantes.) Puede ser que no escriban con la precisión de un especialista, aun así, lo profundo de sus pensamientos brilla por la misma sencillez de sus expresiones. Puede suceder que no cuenten la experiencia del Cursillo de la misma manera, pero definitivamente se refieren al mismo Cursillo.

Jesús vino a un mundo cuyas culturas, estructuras, valores, prioridades, maneras de pensar, aun las religiones habían sido contaminadas y deformadas por el pecado. Su propio pueblo había sido esclavizado, exilado y colonizado. Su propio pueblo había luchado con las muchas contradicciones y con las tensiones y aspiraciones en conflicto de un pueblo colonizado. ¿Ese pueblo podría luchar por su libertad? ¿Podría simplemente asimilarse a la muy atractiva cultura dominante greco-romana? ¿Podría recluirse en un enclave étnico aislado? Había otro camino en el cual nadie más había pensado. Jesús no vino a poner un vendaje en una humanidad perdida sino a realizar una creación totalmente nueva. ¡Y podía iniciar este trabajo mediante una identidad y ubicación social en donde ni el mismo demonio, mucho menos alguien más, pudiera sospechar que algo bueno podría salir! Como acostumbraba decirlo Raymond Brown, experto en materia bíblica: "el Dios de la Biblia es un Dios de increíbles sorpresas".

Hemos encontrado al Mesías –Juan 1:41

Desde los primeros años de mi infancia he conocido a *Jesús de Nazaret*. Aun así, el apreciar los increíbles caminos mediante los cuales comunica su salvación a la humanidad continúa siendo una grandiosa aventura. Al buscar el significado divino de los eventos humanos y de las circunstancias que vienen por medio de la sencillez de las historias de Jesús tal y como se recuerdan en los evangelios, haré uso de algunas fuentes que me han ayudado a apreciar de manera muy personal de qué nos salva Jesús y de qué nos libera. En vista de que Dios se hace humano para así, mediante su humanidad conducirnos a lo divino, o como san Agustín lo puntualiza: "Dios nació humano para que así los humanos pudieran renacer divinos", trataré, primero que tod, de leer los evangelios como una historia humana, algo que no hemos sospechado o que, a causa del pecado, no queremos siquiera escuchar. Es la historia humana de Jesús la que ilumina nuestra propia historia, la que nos revela los aspectos de gracia que no hemos sospechado y los aspectos del pecado que no hemos reconocido.

Avalado en los cuarenta años que serví como párroco en distintas comunidades, haré uso de las maravillosas intuiciones que he obtenido a lo largo de estos años de ministerio en los grupos de estudio de los evangelios acompañado de la gente pobre y méxicoamericana que vive en el límite entre México y los Estados Unidos de América –el pueblo mestizo de la frontera–. De igual manera, acudiré a ese Jesús Nazareno tan vivo en las tradiciones populares. Puesto que amo el arte y me gusta contemplar a Dios como el artista supremo y el más creativo de ellos, no me restringiré sólo a leer los evangelios, sino que trataré de fijarme en los cuadros de la realidad humana que nos presentan. Pondré atención muy especial y cercana al cuadro que nos presentan las palabras de los evangelios porque creo que los cuadros de los evangelios ponen carne viva a las realidades que se presentan mediante las palabras de las narraciones que forman el evangelio.

Como católico que soy, quiero hacer referencia al *Catecismo de la Iglesia Católica* y a otros documentos de la Iglesia como a un ancla que me ayuda a fijar algunos puntos básicos. Juntos, estos documentos brindan la búsqueda sabia de muchas generaciones. Como académico, usaré trabajos críticos muy reconocidos que han venido apareciendo en épocas reciente acerca de los tiempos, la cultura, la religión y las tendencias filosóficas del tiempo y de la tierra de Jesús. Esto nos ofrece un marco de referencia fascinante e invaluable para las reflexiones acerca de Jesús de Nazaret.

Más allá de estas fuentes maravillosas, he tratado de relacionarme con profundidad, no solamente en mi propio trabajo, sino en la fuerza iluminadora de la oración y de la contemplación, porque precisamente es en el silencio ante *El Santísimo* (Jesús en el sagrario), en la profunda aceptación de mi propia insuficiencia en relación al misterio del amor y sabiduría infinitos, que han surgido los aportes más hermosos, tan hermosos que resulta difícil encontrar las palabras adecuadas para expresarlos.

Finalmente, al reflexionar acerca de los textos básicos del Nuevo Testamento que han ejercido una influencia especial a lo largo de mi ministerio pastoral, quiero dejar bien claro lo que expertos bíblicos del Tercer Mundo, afroamericanos y feministas presentan como básico a lo largo de la seriedad de sus investigaciones históricas y teológicas acerca de Jesús: la articulación crítica de la ubicación social del autor y cómo esto afecta y determina la reconstrucción histórico-teológica de Jesús. Por mi parte, reflexiono y trabajo teológicamente desde mi experiencia de vida como mestizo méxicoamericano que vivo y trabajo en los sectores pobres mexicanos de mi ciudad de San Antonio, Texas y en medio de los latinoamericanos pobres de los Estados Unidos de América. Cuando era niño, crecí hablando español en los Estados Unidos, frecuentemente fui ridiculizado y se reían de mí a causa del acento con que hablaba el inglés. Con frecuencia sentí vergüenza por las formas humillantes en que la sociedad dominante y aun nuestra religión nos marcaba. Se nos forzó a vivir con muchos estereotipos horribles que se promulgaban en chistes, insinuaciones malévolas, textos escolares de estudios sociales y en los medios masivos de comunicación. Mucha de nuestra gente fue sacada de lugares públicos y se le negaban servicios simplemente por el color de su piel. Para una completa presentación de mi ubicación social sugiero se lea mi presentación autobiográfica en *El futuro es mestizo: vivir donde se juntan las culturas.*

Se despojó de su rango y tomó la condición de esclavo, haciéndose uno de tantos –Filipenses 2:7

Cuanto más leo las narraciones del Nuevo Testamento desde la perspectiva de la mujer y del hombre socialmente heridos, tanto más aprecio las palabras de Jesús: "Nadie tiene amor más grande que quien da la vida por sus amigos" (Juan 15:13). Desde su misma concepción, Jesús nos amó tanto que entregó del todo su vida en distintas maneras. Puso a un lado todas las prerrogativas de su condición divina y aún de su vida social, para entrar así totalmente en la desfiguración, la degradación y el sufrimiento causado por el pecado del mundo.

Al hacerse humano, el Hijo de Dios simplemente se hizo uno más entre muchos (Filipenses 2:6). Aprendemos de la Primera Carta de San Pablo a los Corintios que la mayoría de los primeros cristianos no pertenecían a los sabios ni a los de buena cuna de este mundo. Los estudios acerca de los primeros cristianos nos muestran que en su mayoría eran gente pobre, siervos y carentes de privilegios sociales. Quienes eran considerados por el mundo como nada y eran vistos como escoria de la sociedad encuentran un nuevo sentido de dignidad e igualdad en su hermandad con este "nada" que ahora es visto como Señor de cielos y tierra. Dios se ha establecido como el Señor y Salvador del mundo, quien precisamente fue difamado y rechazado por los constructores de este mundo, por los poderosos de la sociedad y por los líderes de su religión. El rechazado llegó a ser la piedra fundamental del nuevo edificio

Los primeros cristianos inspirados en himnos que precedían algunas de las páginas del Nuevo Testamento proclamaron este hecho con gozo triunfal. En el que es considerado como uno de los primeros himnos inspirados de la comunidad cristiana (Filipenses 2:6ss), se proclama la verdadera identidad terrena de Jesús. De esta manera, al asumir la solidaridad en cuerpo y sangre con las víctimas del pecado del mundo, es decir, los esclavos, los siervos, los "sin rostro ni nombre" de este mundo, Jesús, que tenía por condición su naturaleza divina, se despojó a sí mismo de todo rango y privilegio social y asumió la humanidad en la forma de esclavo. Personalmente, prefiero la traducción de la *Nueva Biblia Española,* la cual, después de afirmar que Jesús tomó la condición de esclavo, dice “haciéndose uno de tantos”, en otras palabras, uno entre la multitud de esclavos y siervos del mundo, uno de tantos que no tienen dignidad y a quienes el sector dominante de la sociedad los considera de condición humana inferior. Uno que se humilló a sí mismo al nacer entre los “sin rostro ni nombre” y además fue humillado por su muerte escandalosa en la cruz. Así, por su obediencia, resuelve vivir toda su vida de una manera diferente, totalmente diferente a las maneras del pecado, Toda rodilla debe doblarse cuando su nombre sea pronunciado y se proclame que Jesucristo es Señor para gloria de Dios (Filipenses 2:10–11). Solamente el poder del amor puede derrotar los poderes del mal sin causar un mal peor. Jesús fue obediente hasta un fin muy amargo por amor a la humanidad sin importar el costo y sin huir del sacrificio.

La “humillación”, que los primeros seguidores de Jesús reconocieron y proclamaron, es clave para entender cómo la vida de Jesús estuvo en función de un camino redentor desde el primer instante de su concepción. Las víctimas del pecado son humilladas y ridiculizadas de distintas maneras y se les roba lo más básico de su humanidad. Se les obliga a sentirse inferiores e impuras. Se han formado estereotipos para justificar que sean subyugados, esclavizados y explotados. Se les ha hecho pensar con frecuencia que el único camino para liberarse y para alcanzar la plenitud de una vida humana es llegar a parecerse a aquellos mismos que han pecado contra ellos. Piensan así que la única forma para salir de la dominación es dominar a los demás; que para salir de la esclavitud hay que esclavizar a otros; que para salir de la explotación es necesario explotar a los demás; que para salir de la inferioridad es hacer que otros se sientan inferiores; que para salir de la opresión es necesario transformarse en opresor. De esta forma la cadena del pecado no se rompe, y así, el mal continúa desarrollándose como una espiral en el mundo.

En el hombre de Galilea, Dios se hace el explotado, el inferior, el impuro, un ser humano esclavizado, no para aprobar esta condición, de ninguna manera, ni para hacernos sentir bien porque somos triturados, tampoco, sino más bien, para que salgamos de esta espiral destructiva de maldad. Claro que esto no es un llamado a las armas y a la revolución, así sólo se producen nuevas formas de violencia. Jesús llegó a ser la víctima del pecado para romper la servidumbre a causa del pecado, y es por medio de las víctimas, "las piedras rechazadas por los constructores" de donde vendrá la nueva creación, la humanidad verdadera.

> *Dios nació humano y así los humanos podemos renacer divinos.*
>
> —San Agustín

CAPÍTULO 3

Comienzan los problemas

Al oír estas palabras, ella quedó desconcertada y se preguntaba qué significaba tal saludo –Lucas 1:29

La Anunciación es uno de los textos más queridos en la tradición cristiana. No sé de algún otro texto del evangelio, excepto la historia del nacimiento y la de la muerte de Jesús, que haya inspirado más artistas, músicos, poetas y representaciones escolares que el anuncio del ángel Gabriel a María de que sería la madre del salvador del mundo, y ese anuncio hecho en una forma totalmente desconocida para ella y para cualquier otro ser humano. Nosotros mismos podemos escuchar en nuestro interior la suave música angélical cuando pensamos en la belleza artística mediante la cual la tradición cristiana nos ha interpretado este texto tan maravilloso. En realidad, este es uno de los grandes tesoros de la vida de Jesús. En Nazaret de Galilea, el ángel se le apareció a una jovencita galilea para invitarla a ser la madre de Jesús, no por medio del hombre, sino por obra del Espíritu Santo. ¡Qué impresionante! ¿Existe alguien que pueda creer esto?

Este es el verdadero comienzo de la historia de Jesús, no sólo resulta sorprendente su raza, su clase social así como su religión, sino la forma en que fue concebido. Es interesante notar que las cuatro mujeres mencionadas en la genealogía que nos presenta el Evangelio de San Mateo no son las grandes madres de Israel, sino que más bien, son mujeres con alguna irregularidad y con situaciones cuestionables: Tamar, Rahab, Rut y finalmente, la mujer que había sido esposa de Urías. ¿Será esta una insinuación de lo que va a venir? Nosotros, por tanto, nos podemos hacer muy bien estas preguntas, ¿qué puede ofrecernos este incidente como noticia que nos sane y libere? ¿Cuál es el significado salvador de este fascinante comienzo de la vida de Jesús?

Todos nosotros conocemos bien esta narración que encontramos en el Evangelio de San Lucas. Un ángel se le apareció a una jovencita, campesina y virgen, de nombre María. Esta jovencita se encontraba en su casa, en un pueblo muy pequeño de Galilea, una región muy marginada del mundo. Este ángel le anunció que concebiría por obra del Espíritu Santo. María estuvo temerosa y renuente debido a que no conocía varón. Pero el ángel le dio seguridad y ella aceptó. Esta es una de las historias más bellas y conmovedoras que narra el Evangelio; asimismo, es una de las historias que más se han recreado en el arte y la música a lo largo de la historia de la humanidad. Esta historia aparece tan linda y tan pura que fácilmente se puede perder la radicalidad tan grande que contiene en relación a la verdad de la salvación. Para comenzar, podemos hacernos estas preguntas: ¿Quién le va a creer? ¿No es cierto acaso que no viviremos con lo que somos sino con lo que la gente que vive y trabaja con nosotros dice que somos? Hay gente que ha perdido su reputación, su trabajo y hasta su vida, no por algo que han hecho sino por algo que otros los acusan haber hecho. La reputación de una persona puede arruinarse debido a un chisme o sospecha, aun cuando éste sea totalmente falso.

No dudo ni por un instante de la verdad de la narración contenida en el Credo de los Apóstoles: "Fue concebido por obra y gracia del Espíritu Santo, nació de Santa María Virgen". Sin embargo, me pregunto cuál es el valor de esta afirmación para la redención de la humanidad. ¿De qué manera responde esto al misterio del mal? Al fin y al cabo el ser concebido por una relación de amor entre un hombre y una mujer no es nada malo. Al contrario, esta es la encarnación del amor. El sexo casto no es malo, sucio o falso. Un bebé nacido de esta unión es una bendición de Dios. Entonces, ¿por qué Jesús tuvo que ser concebido "por obra del Espíritu Santo" y no por una santa relación sexual entre María y José? ¿Acaso Dios cometió un error al comienzo cuando creó al hombre y a la mujer para que procrearan una nueva vida juntos por medio de su unión conyugal? De ninguna manera hay que pensar que Dios está corrigiendo este error "original". ¡No puedo pensar en algo más hermoso, puro y santo que la concepción de una vida en el contexto del amor! El "ser uno" en la intimidad del matrimonio fue inventado por la más excelsa santidad del más puro Dios. No hay otro momento en la existencia humana en que un hombre y una mujer se asemejen más a Dios que en su vínculo conyugal de amor en el que crean una nueva vida, una vida a la misma imagen y semejanza de Dios. No hay nada de impuro ni inferior en el hecho de que un ser humano nazca de la unión conyugal de un esposo y una esposa. Entonces, ¿por qué Dios quisiera comenzar de forma tan diferente cuando se trata de la encarnación de su propio Hijo?

Tal vez necesitamos buscar respuestas no en alguna clase de pureza angelical predestinada y de exaltación, sino en el punto central del sufrimiento causado por el pecado. Después de todo, cada aspecto del mensaje cristiano está relacionado a la sanación y rehabilitación.

En el Credo, la afirmación "Fue concebido por obra y gracia del Espíritu Santo, nació de Santa María Virgen" está seguida inmediatamente por "padeció bajo el poder de Poncio Pilato, fue crucificado, muerto y sepultado". Esta segunda afirmación siempre ha sido reconocida como un escándalo, aún como una maldición (Gálatas 3:13), mientras que la primera afirmación ha sido presentada como una experiencia hermosa, edificante y angelical. Dado que el Credo deja fuera toda la vida de Jesús y sólo hace referencia al inicio y al final de su vida, me pregunto si esto no es una indicación de que ambas, la concepción y la muerte son parte de un escándalo aparente que en sí mismo probaría que son elementos redentores de la humanidad. ¿Por qué sería necesario un escándalo para redimir a la humanidad? Aun así, fue porque el Verbo libremente (Filipenses 2:7) llegó a ser este escándalo producido por el pecado del mundo que él debió derrumbar sus criterios terrenales de juicio y clasificación para así ser reivindicado por Dios para ser el Señor de cielos y tierra, la norma más auténtica respecto a la verdad de los seres humanos.

Quizás logre decir lo que quiero expresar si comparto con ustedes algunas experiencias pastorales. He sido consejero de algunos jóvenes, e inclusive de algunas mujeres mayores que han sido victimas de violación sexual. Eran totalmente inocentes. Fueron abusadas violentamente a pesar de sus gritos, protestas y su resistencia. Aun así, se sentían culpables, como si ellas hubieran provocado esto. Inclusive, fueron acusadas de haber provocado todo el incidente. Algunas se sentían tan profundamente mancilladas que pensaban que ya nunca podrían quedar sin mancha. Peor aún, una jovencita fue sacada de su casa y castigada por sus propios hermanos por haber desgraciado a la familia. En otro caso, en el cual tuve que intervenir, sus hermanos pensaron que ellos tenían derechos sexuales sobre su hermana puesto que ella ya había tenido relaciones con otro muchacho. Y esto no es lo último. He tenido varios casos en los cuales las jóvenes violadas quedaron embarazadas. Se les aconsejó que abortaran, cosa que rechazaron por su convicción de que, sin importar la manera como había ocurrido, aquella vida venía de Dios. Como consecuencia, la familia las repudió y castigó echándolas del hogar ya que habían "avergonzado a la familia". Con insultos y amenazas las sacaron lejos de la casa y de la familia. Se encontraron totalmente solas. Ese hombre malo que abusó de ellas, desafortunadamente a veces aun de su propia familia, tal vez su propio abuelo, siguió su camino alegremente mientras que la mujer violada quedó en el ridículo, avergonzada, alejada y como marcada con fuego en lo profundo de su alma como una persona indigna e impura.

La violación de jovencitas, aun en su propio ambiente familiar, ocurre de forma frecuente entre los pobres de este mundo.

No es raro que el dominador sienta tener derecho al uso sexual de los cuerpos de las personas bajo su dominio y con facilidad las tildan de promiscuas y sensuales para así justificar el poder violarlas, como es el caso de los soldados de ejércitos conquistadores que violan a las mujeres y las dejan abandonadas con el hijo que le dejaron en sus entrañas. Con frecuencia, una mujer pobre que es violada sexualmente ya no puede ser pedida en matrimonio, y muchas veces la única opción que le resta es dedicarse a la prostitución para lograr sobrevivir.

Y, ¿qué sucederá con el hijo que es fruto de la violación o que nació fuera de matrimonio? Ustedes, tan bien como yo, sabemos la respuesta. La sociedad pecadora ha creado una marca deshumanizante para marcar con fuego el producto de su propio pecado. El lenguaje común llama a una persona mala con el mismo adjetivo que califica a un ser humano nacido fuera del matrimonio: bastardo. La ecuación y semejanza es obvia: ¡quien nació fuera de matrimonio es una persona mala! Este bebé, esta persona será privada de su dignidad de ser humano por ser señalada como un ilegítimo o bastardo. He tenido que tratar a personas que viven en un profundo y doloroso abandono a causa de que el hombre que los engendró nunca quiso reconocerlos como fruto de su paternidad, sus hijos o sus hijas. Sé de casos en los que los hijos legítimos de este hombre ridiculizan e insultan a sus medios hermanos o medias hermanas que nunca recibieron el apellido de quien los engendró. Jesús entra en solidaridad con quienes sufren esta clase de estigma y vergüenza al convertirse él mismo en uno de ellos ante los ojos de su misma sociedad.

Por tanto, no hay que espantarse de que Jesús convierta en base de su vida, de su identidad y de su misión el cuidado amoroso de Dios como Abbá. Jesús trata a Dios como padre, un padre personal y lleno de amor; en última instancia, el único padre que realmente cuenta. ¡Qué hermoso y vivificante es ver que un padre humano es una imagen viva, un icono viviente de ese Dios! De un Dios cuya paternidad está llena de amor y misericordia. Y es bien cierto que, aunque no sea así, la paternidad del Dios lleno de amor está ahí presente. No hay ser humano sin un padre, porque en última instancia Dios es el padre de todos, y sin Dios, no hay vida plena.

Ninguno de nosotros ha escogido la manera en que fue concebido; no obstante, la sociedad clasifica a la gente de acuerdo a la forma en que fue concebida. Reconozco que el género, la raza, la clase social y lo étnico son importantes en la pecaminosa clasificación de las personas, pero su concepción es mucho más fundamental. La concepción ha llegado a ser una maldición y un escándalo para la persona si el padre, que fácilmente puede permanecer anónimo, es un negro en una sociedad dominante blanca, o es un mexicano en una sociedad dominante angla o es un gentil dentro de una sociedad judía. La madre no puede permanecer anónima, pero ¿han oído alguna vez hablar de un padre soltero? Son la madre y su hijo o hija los que sufrirán el resto de su vida el estigma y la marca de la "ilegitimidad".

Esta es la perversión más profunda de nuestro mundo pecador. ¡Las víctimas son marcadas indeleblemente como pecadores impuros por los mismos pecadores que los hicieron sus víctimas! Esta marca con fuego parece que penetra hasta lo más íntimo de su ser. Esta es la horrible perversión: el impuro marca al verdaderamente puro como impuro y, aún más, lo llega a convencer de que en verdad es impuro y pecador.

Para Dios nada hay imposible –Lucas 1:37

Ahora volvamos a nuestra historia. Tomemos la afirmación del *Catecismo de la Iglesia Católica:* "no hay un rasgo del mensaje cristiano que no sea en parte una respuesta a la cuestión del mal" (309). He sido testigo de esto cuando, al leer este texto de la anunciación con víctimas de violación y al compartir con ellas que la siempre pura y santa madre de Jesús pasó por una experiencia parecida, y puesto que Dios es mucho más poderoso, María permaneció siendo una virgen pura y santa. Nada hay imposible para Dios. Queda claro que ella, como cualquier otra víctima, queda pura y santa. María, inclusive, queda virgen puesto que Dios que puede resucitar a su Hijo de la muerte; igualmente puede hacer que una mujer quede virgen aún habiendo sufrido la más horrible prueba.

Ciertamente creo que el escándalo de la redención y del sacrificio de Jesús comenzó con su concepción (*Catecismo de la Iglesia Católica,* 517). Esta sucedió en una forma tan rara y extraordinaria que dudo de que alguien le llegara a creer a María, aunque le quisieran creer. La gente probablemente sospechó de todo, aún de lo peor, excepto de lo que se cuenta en el evangelio. Aun el buen José la quería repudiar. Es muy posible que María fuera ahuyentada de su casa para evitar el escándalo y por esta razón corre lejos a la casa de su prima. Esto de "se alejó para visitar a un amigo o a un familiar" es una disculpa muy común cuando la gente quiere ocultar un embarazo. María concibió y, claro que fue por obra del Espíritu Santo, ya que ninguna vida es concebida, no importa cuánto los padres lo intenten, sin el Espíritu Santo. Toda vida viene de Dios, y sin la voluntad de Dios, no hay vida. Al concebir en una forma que era vista por sus contemporáneos como escandalosa o al menos cuestionable, María se solidariza en cuerpo y alma con el sufrimiento y la soledad que sufren las mujeres tratadas como víctimas. En esta forma María asume un aspecto del sufrimiento humano que el mismo Jesús, en cuanto hombre, no podría asumir y es así como María inicia en esta forma su tarea de co-redentora.

Lo que constituye una fuerza de rehabilitación para una mujer que ha sido violada y que, reflexiona acerca de esta experiencia de María es llegar a descubrir que sin interesar la forma en que esto sucedió, María permaneció pura y sin mancha porque Dios la amó y la protegió. Aun en el caso de que hubiera sido violada por alguien, no habría perdido su virginidad porque nada es imposible para Dios. La virginidad no puede quitarse, sólo puede entregarse. Aun en caso de que hubiera sido violada, por el poder de Dios permanece la siempre-virgen-santa-madre de Jesús. Lo que el mundo pecador ensucia, Dios lo mantiene puro; lo que el mundo pecador prostituye, Dios lo conserva virginal. La pureza y la dignidad de una mujer no pueden ser destruidas ni perjudicadas por la violación de alguien, y Dios está ahí para curar los recuerdos, rehabilitar los corazones destrozados y restaurar las reputaciones arruinadas.

En términos de nuestra redención, creo que la virginidad de María es tan poderosa como la resurrección de Jesús porque una vez que una reputación es destruida, aun en el caso de una simple sospecha, nadie sino solo Dios puede restaurarla del todo. Cuando Dios restaura una virginidad cuya reputación ha sido arruinada, Él está protegiendo la pureza existencial y santidad del cuerpo que ningún ser humano puede destruir.

El efecto purificador y regenerador que esta verdad de salvación tiene acerca de las mujeres que han sido violadas es admirable. La oración y la meditación en este acontecimiento evitan que caigan en un sentimiento de autodestrucción ocasionado por el sentimiento de impureza, indignidad o culpabilidad que la violación les ha ocasionado. Si el poder de Dios mantuvo a María pura, virginal y digna de ser la madre de Dios, Dios podrá hacer lo mismo con toda persona que ponga su confianza en Dios, pues nada es imposible para Dios.

Decidió separarse de ella en secreto –Mateo 1:19

¿Cómo puede un hombre decente casarse con una mujer que ya ha sido desflorada? ¿No es esto lo típico de la doble posición de muchas sociedades a lo largo de la historia? El hombre puede ser tan promiscuo como lo desee, y esto ni lo descalifica para el matrimonio ni lo hace impuro. De hecho, a veces a los jóvenes varones se les lleva a las prostitutas para que se inicien y se entrenen en la vida sexual, y lejos de que esto sea un estigma, es un proceder que se aplaude. Se supone que la mujer permanece pura y virgen hasta el punto de tener que demostrar su virginidad en la primera noche de su vida matrimonial. Así se comporta José, como un varón normal de la sociedad de su tiempo. Al darse cuenta de que María espera un bebé, se va a deshacer de ella en una forma discreta, pero se va a deshacer de ella. La va a abandonar sin la protección de un esposo y con muy pocas probabilidades de encontrar un trabajo, excepto tal vez el de prostitución.

Fue necesaria una comunicación divina mediante un sueño para que José decidiera tomar a María por esposa. Y el texto no parece indicar que José tuviera alguna ternura con María puesto que dice claramente: "No tuvo relaciones con ella hasta que el hijo nació". Sé bien que la tradición católica siempre ha usado este texto para referirse de forma muy bella a la virginidad permanente de María. Lejos de mí el cuestionar la perpetua virginidad de María. Pero me atrevo a insinuar que este fue uno de los sufrimientos iniciales de María: sufrir por ser rechazada, por no recibir los gestos de amor y de ternura y las caricias que se supone son propias de una pareja casada. No recibir el amoroso abrazo de la persona que amas es algo que hiere profundamente; esto intensifica el sentimiento de indignidad e impureza. En el hogar, es horrible sentirse tolerado, pero no deseado ni aceptado.

Todo esto me vino con claridad durante una de mis sesiones de estudio bíblico con gente del barrio. Cuando estudiábamos el texto, aproveché para resaltar las virtudes de José, quien estuvo en contra de la tradición social de su tiempo y decidió tomar a María como su esposa. Una persona que participaba en el grupo tenía una interpretación distinta del mismo texto. "Sí, de acuerdo, José en algo fue un héroe, pero también fue cruel e insensible. Cuán horrible y abandonada se debió sentir María, una muchacha joven y sin experiencia que, si bien fue cierto que José la llevó a su casa, pero ya allí no se relacionaba con ella, no tenía nada que ver con ella. Esto la debió hacerse sentir despreciable y a lo sumo tolerada". Estoy seguro de que los estudiosos de la Biblia aprecian y valoran las explicaciones de esta gente, pero la explicación de sentido común de esta persona, que percibió mucho más de este texto, no puede hacerse a un lado. Es consistente con el "escándalo" que aparece en la lectura de varios textos de la historia salvadora de Jesús y con la absoluta "vaciedad" de Dios que se hace "uno en medio de muchos".

De esta manera, María, una vez más se solidariza con las mujeres que son tomadas como esposas sólo para cocinar, limpiar, lavar los platos, asear la casa, alimentar a los hijos y servir a la familia sin que exista la menor señal de relación amorosa entre ella y su esposo. Tales mujeres son sirvientas, pero sin los beneficios que las sirvientas tienen. La soledad, la tristeza, el sentirse tolerada pero no deseada, el sentimiento de ser insignificante y aun impura; lo que estas mujeres obligadamente soportan está más allá de cualquier palabra que lo pueda describir. Sin embargo, estas mujeres no están solas, porque María está en solidaridad con ellas, no para aprobar esta situación sino para acompañarlas en su llanto silencioso y en sus lágrimas amargas para que así por lo menos no sufran solas. Al menos hay alguien que de verdad valora esa situación, que no siente vergüenza de ellas, sino que les proporciona seguridad en su dignidad y valor fundamental.

¡Bendita tú entre las mujeres! –Lucas 1:42

Cuando leemos el relato acerca de la concepción de Jesús (Lucas 1:26–38), descubrimos temor, resignación y aceptación, pero no encontramos alegría ni gozo. De hecho, la narración termina con el silencio sorpresivo de María. Esto no es ninguna sorpresa. Aun en el caso de que la Anunciación hubiera sido tal y como se narra en el evangelio, cabe hacernos esta pregunta: ¿quién lo creerá? Algunos de los primeros detractores del movimiento de Jesús usaron esta duda acerca de su concepción con el fin de desacreditarlo. ¿Cómo podría él ser Señor y salvador de la humanidad si fue un hijo ilegítimo (*Catecismo de la Iglesia Católica*, 498)? Esto fue algo tan fuera de lo ordinario que podemos estar seguros que nadie lo iba a creer. Aun aquellos que querían más a María y que la conocían bien se vieron obligados a rogarle que de verdad les contara lo que realmente había sucedido.

Además, debió ser más espantoso si se pensaba en las consecuencias: ¿Sería abandonada con su niño? ¿Habría alguien que la pudiera y quisiera proteger? ¿Sería expulsada de la familia? ¿Castigada públicamente? ¿Apedreada hasta morir? Personalmente he conocido temores similares en casos de mujeres que han quedado embarazadas fuera del matrimonio. Es algo destructivo.

Sin embargo, María va a visitar a su prima Isabel. Cuando esta prima reconoce que lo que María lleva en su vientre es de Dios, inmediatamente María se regocija y entonces proclama uno de los himnos más bellos y más llenos de fuerza de todo el Nuevo Testamento: "Mi alma glorifica al Señor" (Lucas 1: 46). Lo que otros ven como desgracia y escándalo, un bebé fuera del matrimonio, Isabel reconoce que toda nueva vida es verdaderamente: ¡un regalo de Dios! Sé de casos semejantes de una mujer violada que fue insultada en los términos más horribles por su propia familia mientras salía de su casa para ir a buscar refugio con una amorosa abuela, una tía o en una casa para madres solteras, quienes le reconstruían su dignidad de mujer al darle la bienvenida con delicadeza, al tratarla con dignidad, al orar junto con ella, al asegurarle que sin mirar las circunstancias, violación o error de su parte, la vida siempre es un don de Dios y este bebé puede llegar a *estar* destinado, como lo fue Jesús, *a ser* un salvador para mucha gente. Conozco a un sacerdote muy bueno y eficaz que vino al mundo en estas circunstancias. La familia de su madre quería que abortara porque quedó embarazada sin casarse. En un último momento ella dio marcha atrás y dio a luz a un niño muy saludable. Este niño llegó a ser la razón de su vida para esta mujer. Este niño ya crecido tuvo dificultades para entrar a un seminario por su condición de ilegítimo. Pero finalmente encontró una congregación religiosa que lo aceptó. Este hijo ha hecho maravillas en su ministerio sacerdotal.

Nadie entiende a cabalidad los misterios de los caminos de Dios, incluyendo los caminos de la concepción de la vida. Existe el camino normal de una concepción, y esto es bello y santo, pero aun cuando la concepción haya sido realizada por un camino diferente, ese bebé es también de Dios y es una bendición para la humanidad. Y la mujer que ha quedado embarazada, aunque sea una gran pecadora, nunca es rechazada por Dios, porque Dios rechaza el pecado pero jamás rechaza al pecador. El pecador no es condenado sino más bien, es invitado a experimentar la misericordia sin límites de un Dios lleno de amor, de comprensión y de perdón.

En este sentido, Isabel es la primera que proclama la buena noticia. Los hombres (como José) se escandalizan, pero las mujeres (como Isabel) comprenden y alaban a Dios. Lo que parecía ser una historia humana de dolor y escándalo, aun para el buen José, ahora la reconocemos y la proclamamos como la gran bendición que realmente es: "¡Bendita tú entre las mujeres y bendito el fruto de tu vientre!" (Lucas 1: 42). No sólo son las mujeres las primeras en proclamar la resurrección, sino que también es precisamente una mujer la primera que reconoce la presencia de Dios en el niño que se encuentra en el seno de una madre soltera. Es la santidad de esta mujer, lo que le permite descubrir la realidad tal como es: no un escándalo sino una inmensa bendición. Y aquella mujer, que tal vez sirvió de escándalo para otros, ahora es proclamada como lo que toda madre realmente es: "Bendita". Toda mujer que lleva en su vientre una nueva vida es bendita, ya que durante su embarazo está cooperando con Dios en forma muy especial en la creación de una nueva vida. Son ojos pecadores los que no pueden reconocer la vida como una bendición y no dudan en deshacerse de la madre y del niño. Es así como María, que en su tiempo fue vista como un escándalo según el juicio hecho con categorías de pecado, sería llamada bendita por todas las generaciones; es la nueva creación que comienza a ver, no como ve la humanidad pecadora, sino como Dios ve. Es así como comienza el escándalo de la buena noticia, de la nueva creación iniciada por María y por Jesús:

> *Porque el Dios todopoderoso... por ser soberanamente bueno, no permitiría jamás que en sus obras existiera algún mal, si él no fuera suficientemente poderoso y bueno para hacer surgir un bien del mismo mal.*
>
> –San Agustín,
> *Enchiridition de fidei, spes et caritate,* 11, 3.
> Citado por el *Catecismo de la Iglesia Católica*, 311.

CAPÍTULO 4
Belleza insospechada

Entre la gente mexicana de San Antonio, Texas, en los Estados Unidos, las dos escenas del año más hermosas, atractivas y emocionantes son *El pesebre navideño* y el *Viernes Santo.* El pesebre navideño no es una cuna celestial rodeada de coros angélicos como en Navidad y las escenas del Viernes Santo no son las versiones litúrgicas pasteurizadas de los eventos originales, crueles y sangrientos del primer Viernes Santo. Más y más clases sociales y étnicas toman parte en estas manifestaciones anuales del pobre. Encuentran algo increíblemente atractivo en estos rituales públicos de un nacimiento marginado y en esta muerte tan vergonzosa que parece no estar presente en las ceremonias de sus iglesias ordinarias.

En una de las procesiones de la *Posada* previas a la Navidad (en las que los participantes caminan alrededor de su vecindario durante nueve noches y van de casa en casa pidiendo "posada", hospedaje, reviviendo el caminar de María y José de Galilea hacia

Belén), recuerdo en una ocasión mientras caminaba también con un grupo de personas de habla inglesa. Me puse a conversar con ellos y descubrí que eran científicos nucleares de la costa este de los Estados Unidos. Uno de ellos mencionó que siendo un turista unos años atrás, accidentalmente se había encontrado caminando con la procesión y por curiosidad había participado en ella. Esto le ocasionó una experiencia religiosa tan profunda que había regresado cada año y este año lo hacía con este grupo de colegas científicos. Esta historia es típica de muchas otras que podría contar. ¿Qué es lo que atrae a personas como aquellas a estos rituales populares que no forman parte oficial de los oficios sagrados de ninguna denominación?

Estos rituales populares que rodean el nacimiento y la muerte de Jesús presentan la realidad desolada, escandalosa y chocante de los sucesos originales, tal y como están presentes en las narraciones del evangelio y así son recordadas por el pueblo. De muchas maneras, estas son muy populares debido a que proyectan como en un espejo la realidad viva de la vida de la gente y la interpretan mediante la entrada de Dios en nuestra vida mediante Jesús de Nazaret. En uno de los capítulos posteriores volveremos la atención a la hermosura íntima y la aparente fealdad del Viernes Santo.

No encontraron sitio en la posada –Lucas 2:1–7

La tradición de las posadas es uno de los rituales favoritos en el suroeste de los Estados Unidos de América. Los participantes caminan de casa en casa buscando "posada" o albergue, pero son rechazados y tienen que continuar en su búsqueda. Al final, luego de varios intentos, una casa les da la bienvenida y recibe al grupo desamparado sin hogar. La casa que recibe a estos peregrinos que vienen desde Galilea se llena de alegría puesto que al recibir a quien no tiene casa, Dios entra en nuestra propia vida. Para quienes con frecuencia les han rehusado servicios en restaurantes, hoteles, lugares públicos y aun en Iglesias, este ritual tiene mucho significado porque hace revivir en forma ritual lo que hemos experimentado en la realidad de nuestra vida y esta misma experiencia nos permite celebrar lo que conocemos muy bien en nuestro propio corazón, pero que ignoran aquellos que nos rechazan: que no somos basura ni algún residuo contaminante que deba arrojarse lo más lejos posible, sino que, como seres humanos, somos una bendición que trae alegría y gozo.

De alguna forma, al venir de Galilea, tierra de una gran mezcla multiétnica, a Judea, ciudad fascinada por su pureza judía, José y María fueron como los inmigrantes que provienen de culturas que consideramos inferiores a esta cultura "superior" de los Estados Unidos de América o como pueblos que han sido conquistados y colonizados por un grupo más poderoso. A esta gente se le recibe como mano de obra barata para los trabajos que ningún ciudadano quiere hacer, pero se les distancia y aleja de la población dominante de muchas maneras. Muchos tienen que dormir bajo los puentes o en edificios abandonados porque nadie les quiere arrendar ningún lugar. No es que no haya sitio libre, sino que no hay lugar para ellos por ser lo que son.

Posiblemente este fue el caso de José y María; eran galileos despreciables que en Judea buscaban albergue. Al recibir este rechazo, José y María se hacen solidarios con tantos inmigrantes que buscan hogar en un país extranjero pero son rechazados. Una vez más, son rechazados no porque no haya lugar y espacio, sino por ser lo que son. La vaciedad de Dios continúa mientras sus padres terrenales son contados entre los rechazados de la sociedad, de tal manera que él también nacerá entre los rechazados de este mundo. Queda claro así en la representación ritual de la Posada que el pueblo revive la verdad descubierta por los pastores, lo reconoce y celebra de forma clara: la alegría viene a aquella casa que abre sus puertas a quien no tiene hogar, porque cuando se recibe al pobre y al marginado del mundo es cuando se recibe a Dios. La posada final termina con la *Acostada del niño* en el pesebre, en la víspera de Navidad, en la Nochebuena.

Toda la historia de la Navidad aparece en el pesebre, incluso la visita de los Magos y la matanza de los inocentes. Se viste con hermosura, pero debajo de la nostálgica hermosura está la cruel realidad de una triste situación. Los pastores no son príncipes elegantes sino que están vestidos con harapos. Los soldados romanos aparecen ruines y crueles. La atmósfera de invierno con hielo y nieve puede ser bonita cuando se contempla desde un rincón caluroso, aun así, en definitiva no es lo mejor para un niño recién nacido. Es un claro retrato de la crueldad de la vida diaria de mucha gente pobre y rechazada; pero en su fe en el Dios de la vida, se la ingenian para elevarse por encima de las fuerzas opresoras para juntamente descubrir y celebrar la bondad y la hermosura de Dios y de toda su creación, especialmente en el nacimiento de un bebé.

Y lo acostó en un pesebre –Lucas 2:1–7

¡Qué hermosura podría existir en un bebé nacido en un establo sucio y desarreglado, colocado en un pesebre en medio de los olores de los animales porque no hubo lugar para ellos en ninguna parte, además, visitado por unos humildes pastores! Nadie tuvo un lugar para ellos porque eran unos indeseables. En esta situación tan deplorable, María "Dio a luz a su hijo primogénito; lo envolvió en pañales y lo acostó en un pesebre, porque no encontraron sitio en la posada" (Lucas 2:7).

Al pesebre también se le llama comedero, es decir, es el lugar en el que comen los animales. Se ve mal, huele mal, usualmente está lleno de mosquitos e insectos por todas partes, de tal suerte que *éstos* hacen la vida insoportable. No hay ninguna clase de comodidades, ni sillas, ni mesas, ni camas. Por esta razón José y María aparecen postrados de rodillas en la pesebrera: no es por adoración, sino simplemente porque esa era la única forma de poder estar cerca al niño recién nacido. Esta es la posición normal que usan los padres cuando son tan pobres que no disponen de otro lugar para colocar a su bebé que en el piso de su desnuda casa. Claro que *este* no es el lugar apropiado para un recién nacido, a no ser que no dispongan de nada más. La sociedad considerará esto como una conducta irresponsable. Pues bien, esta fue la primera manifestación de Dios-hecho-hombre por nosotros. ¡Parece como si Dios se hubiera enloquecido! ¡Cómo es que Dios abandona a su hijo a la miseria aun desde el mismo comienzo! Esto no parece lo propio de un Dios padre bueno, lleno de amor y atención.

Esta es la realidad desnuda que el mexicano pobre vive hasta el presente en sus casas y en sus barrios, una realidad hermosa e inspiradora. Y están en lo correcto cuando lo hacen así. "Encontrarán a un niño envuelto en pañales y acostado en un pesebre" (Lucas 2:12). Hay muchas interpretaciones buenísimas hechas por expertos en la Biblia acerca de este texto, pero el mexicano y la mexicana pobres, llenos de fe, con frecuencia se ven obligados a ver nacer a sus hijos en una pobreza tremenda y tienen que estarse moviendo de vecindario en vecindario porque no los quieren ver por allí. Estos pobres ven mucho más en este texto de lo que he cosechado en libros que se especializan en el tema.

"No hay un rasgo del mensaje cristiano que no sea en parte una respuesta a la cuestión del mal" (*Catecismo de la Iglesia Católica,* 309). La situación social y las circunstancias del nacimiento de nuestro Salvador estuvieron tan fuera de todo razonamiento de los principios del mundo que, como el *Catecismo de la Iglesia Católica* lo puntualiza, citando a san Ignacio de Antioquía, ni aun el mismo demonio lo hubiera sospechado (*Catecismo de la Iglesia Católica,* 498). ¿De qué manera la imagen bíblica del nacimiento de Jesús es una respuesta a la cuestión del mal?

El gran mal del mundo, el pecado estructural del mundo, es la destrucción de la dignidad humana. Es la negación de la hermosura de la imagen de Dios que existe en cada ser humano y, por consiguiente, explotación, marginalización y exclusión que este mal conlleva. Con sus maldades, la humanidad ha creado muchas formas para privar a las personas, los pueblos y las naciones de la dignidad creada por Dios y del sentido de hermosura y del propio valor. Ropas, joyas, propiedad, dinero, casa, color de la piel, lugar de origen, nombre de familia, posición social y muchas otras categorías parecen definir la verdad y el valor de lo humano, mucho más que la misma existencia de lo humano. San Agustín escribió que "nada es más hermoso que la verdad en sí misma". ¡Quisiera agregar que nada es más hermoso, liberador y vivificante que la verdad acerca de nuestra humanidad! Así fue desde el mismo comienzo de la creación humana y esta fue la gran revelación de lo verdaderamente humano que Dios se hizo en Jesús. En la extrema necesidad del niño en el pesebre, sin adornos externos o situación social que distrajera nuestra atención, se manifestó la gloria de Dios. En verdad, este es el comienzo de la buena noticia para la humanidad.

En el discurso inaugural de la famosa conferencia de obispos latinoamericanos en Puebla, México, en 1979, Juan Pablo II declaró: "La verdad que le debemos a los seres humanos, primero y antes que nada, es la verdad acerca de sí mismos". Y llegó a afirmar: "Quizá una de las debilidades más notorias de la civilización contemporánea radica en una visión inadecuada del ser humano ... Gracias al Evangelio, la Iglesia posee la vedad acerca del ser humano".

El movimiento del derecho por la vida está en lo correcto cuando afirma la santidad de la vida desde el nacimiento hasta la tumba. La tragedia es que mientras muchos luchan por defender los derechos del ser humano en el vientre materno, algunos de ellos mismos se despreocupan totalmente del ser humano una vez que ha nacido. Muchas de las formas en que se califican a los seres humanos sirven solamente para ocultar la última verdad de Dios: la hermosura gloriosa y dignidad de lo humano existe precisamente porque es humano y en esta medida, los seres humanos son nada menos que la imagen de Dios.

Los pastores regresaron glorificando y alabando a Dios porque todo lo que habían visto y oído era tal como les habían dicho –Lucas 2:20

Dios nació como humano en medio de gente desamparada, sin casa y rechazada; nació de una pareja sencilla que solamente conocemos como María y José. Los pastores, supuestamente sin valor y sin crédito, fueron los primeros en reconocer la gloria de Dios presente en el niño que yacía en el pesebre. (En muchos textos de la literatura hebrea, el pastor era visto como alguien heroico, pero en la vida era vilipendiado –muy parecido a la literatura mexicana que glorifica a los antiguos Náhuatls mientras desprecia a los pueblos indígenas de hoy–). El mensaje es claro, sencillo y profundo: en la desnudez del niño en el pesebre, sin ninguno de los adornos mundanos que indican dignidad, nobleza, aristocracia y cosas semejantes, se revela la verdad de Dios acerca del ser humano. Lo humano en cuanto humano es imagen de Dios e irradia la gloriosa hermosura de Dios. En Jesús, Dios se hace la nada del mundo para que, de esta manera, todos los demás sepan que nadie, ni siquiera un solo ser humano es inferior a los otros. Esta es precisamente "la buena noticia" para todos, y especialmente para los que "nacen-nada" de este mundo.

Uno de los villancicos navideños más hermosos y conmovedores de la tradición mexicana de Navidad es *Vamos, pastores, vamos,* con el que se celebra el entusiasmo de los pastores en su camino a Belén para ver al niño que irradia la gloria del cielo. Es un villancico muy festivo, y algunas veces se le acompaña con danzas a medida que los pastores se acercan al pesebre. Mucha gente siente este canto como algo muy propio, especialmente porque muchos son *campesinos* y sienten el temor de los falsos ofrecimientos de ayuda y asistencia. Muchas veces el ofrecimiento de ayuda ha sido sólo un engaño para poderlos robar. Esta noche, escuchan el llamado y lejos de sentirse temerosos se regocijan porque un verdadero salvador ha nacido para ellos.

Los ángeles proclaman a lo pastores: "No teman, pues les anuncio una gran alegría, que lo será para ustedes y para todo el pueblo: Les ha nacido hoy, en la ciudad de David, un Salvador, que es el Mesías, el Señor. Esto les servirá de señal: encontrarán un niño envuelto en pañales y acostado en un pesebre" (Lucas 2:10–12).

Es maravilloso cómo es fácil para quienes no se distraen con la elegancia y la pompa del brillo de las luces, por los comerciales y la riqueza, el poder ver la presencia de Dios en la sencillez de lo ordinario. He experimentado esto junto a padres y familias cuyos rostros irradian esta alegría divina al sostener en sus brazos a sus propios bebés o los de sus vecinos. Estas personas no dudan de que este bebé es de Dios y de que en su pureza y en su inocencia se revela la hermosura de la imagen de Dios. Ninguno de ellos necesita prueba alguna, ya sea racional, filosófica, teológica o ideológica para establecer el estado divinizado de su bebé. Jamás dudan de que ese bebé refleje la hermosura de la imagen de Dios. Me he vuelto más consciente de esto con los bautismos de los pobres en la Catedral de San Fernando, en San Antonio, Texas. Los pobres presentan a sus bebés para el Bautismo con tal orgullo que no cabe duda de que ven en ellos el reflejo de la hermosura y dignidad divinas. Durante el bautismo de los bebés las luces de las cámaras relampaguean mientras que los orgullosos padres, amigos y familiares filman este momento tan sagrado. Es realmente como si Dios una vez más abriera los cielos y volviera a proclamar sobre este bebé: "Tú eres mi Hijo amado, en ti me complazco" (Lucas 3:22).

Los pastores no tenían absolutamente nada, fuera de la belleza del firmamento, pues ni las ovejas ni los pastos eran suyos. Eran los descastados de la sociedad, considerados comos arruinados e impuros, posiblemente tal vez por el mal olor de las ovejas que era como el olor de sus propios cuerpos. Definitivamente no hubieran sido invitados por una sociedad pulcra y limpia. Se les veía como personas impuras cuya palabra de nada valía. No necesitaron, por otra parte, ir a un palacio o a una basílica para encontrar a Dios. No tuvieron necesidad de milagros ni pruebas bíblicas para palpar que un Salvador les había nacido. Descubrieron a este Salvador en la desnudez de un bebé acostado en un pesebre. Apellido famoso, ropa, estado social, nada de eso determinó la dignidad de este recién nacido: el solo nacimiento de este bebé es una revelación de la grandeza y hermosura de Dios. Pero el simbolismo de los evangelios va mucho más allá.

César Augusto ha ordenado un censo de todo el mundo. Una sencilla declaración, pero una increíble afirmación. La construcción de la torre de Babel ahora se ha completado. Un hombre ha obtenido la divinidad; *augustus* significa digno de culto divino, reconocido y aclamado como tal por todos. Ahora él tiene el dominio y el control de todo el mundo y por esto puede ordenar un censo –puede hacer uso de todos y de cada uno–, de sus propiedades, de sus dineros, todo para sus propios fines. Ahora todo el mundo ha llegado a convertirse en una sola ciudad: Roma.

Tiene poder sobre todo el mundo en la forma en que lo desee. El censo fue una mala noticia para todo el Imperio Romano.

En contraste tenemos esta pareja sin nombre y sin casa, José y María, que dan nacimiento a un niño desconocido y lo colocan en un pesebre. Y quienes reconocen su nacimiento son los descastados de este mundo. Otra afirmación sencilla pero fascinante: el todopoderoso en contraste con el desvalido. El censo: te quito a ti para enriquecerme yo, en contraste con el pesebre: el lugar donde el rebaño viene a alimentarse, el lugar que ofrece alimento a todo el que venga ahí; el César reconocido como *augustus* por el mundo entero en contraste con el niño sin nombre en la pesebrera, reconocido por los descastados de la sociedad como el verdadero salvador de la humanidad. El "niño en el pesebre" es verdaderamente la buena noticia para la humanidad. Es ahora en una nueva medida la dignidad y valor definitivo del ser humano: nuestra habilidad para vivir nuestra vida al servicio de los demás. El niño en la pesebrera es el único que nos dará su cuerpo y su sangre como alimento para tener vida eterna. Es el contraste entre la mala noticia del censo y la buena noticia de la pesebrera.

Esto es lo que marca el comienzo del cambio mesiánico que invierte los valores mundanos. La riqueza realmente humana se construye no al apoderarse de uno de los bienes ajenos sino al darse uno mismo a los demás. La dignidad realmente humana se muestra no por el rango social ni por los títulos, ni tampoco por la categoría de clase ni por la elegancia de la ropa o la residencia, ni por el apellido familiar que se lleva, sino simplemente por el sólo hecho de que uno es un ser humano. ¡El todopoderoso nombre de César Augusto ha quedado perdido entre los polvorientos volúmenes de los libros de historia, en tanto que el recuerdo de los desconocidos sin-nombre de Jesús, María y José es conocido y celebrado en el mundo entero! ¡Los caminos de Dios son una verdadera locura para los hombres y las mujeres de este mundo!

Porque no hay nada oculto que no se descubra

–Lucas 8:17

El pecado ha escondido la verdad desde el comienzo de la creación. Todo ser humano es creado a imagen de Dios y es precioso para quienes ven y reconocen la verdad de la creación divina. Esta verdad no puede permanecer escondida por más tiempo. Así, el faltarle al respeto a alguien, o menospreciar a alguien, peor aún, el explotar, esclavizar y robar al desvalido y al pobre son ofensas contra el mismo Creador. El orden natural de los seres humanos no es, como los griegos y otros pensaron, una sociedad jerárquica estructurada por la misma naturaleza, unos como amos y otros como siervos y esclavos, algunos considerados como civilizados (ellos mismos) y otros (los extranjeros) como bárbaros y salvajes. Aun el Antiguo Testamento considera a algunos como los escogidos y a otros como los rechazados. Esto no fue válido para Jesús. Ni el pensamiento ni las categorías griegas y judías fueron suficientes para Jesús. Había que desafiar a ambas formas y superarlas a favor de la creación divina. Para Dios, cada hombre y mujer son creados como un ser único, diferente a los demás, y además, cada uno es creado con igual dignidad, valor y hermosura que los demás. Claro que hay diferentes responsabilidades pero nadie es más valioso ni más importante que el otro.

Puesto que el pecado dividió a la humanidad entre "los que tienen" y "los que no tienen", entre los hermosos y los feos, entre los puros y los impuros, entre los atractivos y los repugnantes, entre los poderosos y los impotentes, entre los importantes y los desechables, los nobles y los del montón, los bienvenidos y los rechazados. Pero la gracia de Dios en Jesús vendría para destruir estas divisiones pecaminosas. Y en la sabiduría y locura de Dios, la eliminación de las divisiones vendría por medio de las mismas víctimas del pecado del mundo. José y María, en su caminar hacia tierras lejanas, son el modelo del inmigrante pobre para quien "no hay lugar en la posada" dentro de la sociedad dominante. María y José están dentro de los pobres rechazados y despreciados que nadie desea tener cerca. Quede claro que de esta pareja sin-nombre y aparentemente sin valor nació el salvador de la humanidad. Aquel que hoy despreciamos, mañana puede ser nuestro salvador.

El salvador de la humanidad, en definitiva, el Rey de reyes, no nació en un palacio ni en una mansión inundada de lujos, sino en la forma más sencilla posible y sin arrogancia alguna, no precisamente porque lo agradable y cómodo sea malo, sino porque muchas veces esto nos impide apreciar el valor básico de la dignidad de lo humano, dado que nos lleva a fijarnos más en lo externo que en la naturaleza intrínseca de los seres humanos.

Así, entre esta confusión y aparente deshumanización de ese comienzo, la gloria de Dios se revelaría en el niño de Belén. ¿Qué puede haber más revelador que la hermosura y majestad de Dios *en* el nacimiento de un bebé? Con cada nacimiento de un bebé, la imagen y la semejanza de Dios se hace visible una vez más. O como dirían nuestros antepasados de Mesoamérica: la creación se vuelve a renovar. Las circunstancias del nacimiento son insignificantes si se comparan con la gloriosa belleza de Dios que se hace presente en el bebé y por medio del bebé. No es de maravillar que el mexicano pobre puede penetrar a fondo y ver la belleza gloriosa en la desolada realidad del pesebre. Cuando todas las máscaras humanas y artificiales de honor, prestigio, posición social y belleza se remueven de los seres humanos, la hermosura y gloria de la imagen de Dios resplandece por medio de lo humano. Como lo señala el *Catecismo de la Iglesia Católica:* "La Iglesia no se cansa de cantar la gloria de esta noche: Hoy la Virgen da a luz al Trascendente. Y la tierra ofrece una cueva al Inaccesible. Los magos caminan con la estrella: porque ha nacido por nosotros, Niño pequeñito. El Dios de antes de los siglos" (525).

En la quietud de la noche, lejos de todo centro de prestigio y poder, rodeado solo por la belleza de la tierra, de las estrellas, de los animales y de los seres más insignificantes de este mundo, ¡Dios nació como un ser humano! Hace mucho que se han olvidado y desaparecido todas las personas y lugares importantes de este mundo. En cambio, el poder, la gloria y la fuerza que da vida a este niño que no tuvo un lugar para nacer continúa siendo fascinación e inspiración para el mundo entero.

¿Quién habría podido sospechar que algo importante iba a resultar de este niño nacido de una pareja sin casa? Pero lo que es cierto de Jesús puede ser cierto del nacimiento de cualquier ser humano. ¿Quién puede sospechar lo que Dios tiene reservado para cualquier bebé? Lo que maravilla y es una revelación llena de esperanza en estas narraciones de la infancia de Jesús es que, aUn en el caso de que alguien considere a un niño como insignificante y sin valor, este mismo niño podría estar destinado a salvar nuestra vida. En cada nuevo nacimiento, la creación se renueva y constituye una esperanza para la humanidad.

CAPÍTULO 5

¿De dónde eres?

Soy una persona que viajo mucho. Frecuentemente cuando trato a alguna persona en el avión, una de las primeras preguntas que nos hacemos mutuamente es "¿De dónde eres?" El lugar de origen o procedencia constituye un elemento muy íntimo de nuestro ser e identidad. El lugar de nuestro origen y nuestra ciudadanía conlleva muchas consecuencias importantes. Que se pueda obtener una visa, que la demoren o que se la nieguen depende mucho del lugar de donde sea originaria la persona. La apariencia étnica puede ser una buena presa para la investigación de la policía. La gente tiene ideas fijas, aunque incorrectas, acerca de las personas según el lugar de dónde son. Se puede decir que de muchas maneras, según el origen propio y la identidad que este confiere hacen que alguien no sea bienvenido, o que sea aceptado con mucha dificultad o sea totalmente rechazado. Podemos cambiar en varias formas, pero no podemos dejar tras de sí nuestro propio origen.

No teman, digan a mis hermanos que vayan a Galilea; allí me verán –Mateo 28:10

¡Este es el primer mandato del Señor resucitado! ¿Por qué los manda de regreso a Galilea? Es muy sencillo. ¿No es cierto que cuando tú quieres realmente conocer bien a alguien, tratas de reconstruir sus pasos, retroceder hasta su niñez y hasta el lugar de su origen y crecimiento? Parece que entre más importante y famosa es una persona, uno más desea conocer sus antecedentes, tal vez algunos pequeños aspectos insospechados y posiblemente algunos secretos hacen de esta persona alguien único y singular. Nadie escribe una biografía definitiva acerca de una persona. Cada intento será sólo un trozo y unas piezas o partes, y siempre habrá algo más, tal vez otro pequeño detalle crucial, que proporcionará un rayo de luz sobre el todo. Aun las mejores biografías solo pueden tener la esperanza de aproximarse al misterio de la persona de la cual se está escribiendo. Esto no quiere decir que las biografías no sean ciertas y útiles, sino que hay que admitir que siempre queda algo más por decir.

En gran medida estamos forjados por las muchas experiencias de nuestros años de formación. Los temores y prejuicios, heridas y aspiraciones, sueños y visiones, maldiciones y bendiciones de la gente con quien crecimos han llegado a formar parte de nuestro ser más íntimo y de nuestro lenguaje ordinario. El ambiente, la gente, las luchas sociales y todo lo que tiene que ver con el territorio de nuestro hogar ha llegado a formar parte de la revelación, la identidad y personalidad definitiva de una persona. Entre más conozcamos del pasado de una persona, más podremos entender y apreciar lo que realmente es.

Los evangelios, aunque no son biografías en el sentido moderno del término, no obstante nos ofrecen varios aspectos de la memoria viva de Jesús de Nazaret. No son una ficción creada por la imaginación de alguien. Están basados en el recuerdo y memoria de alguien que nació, creció y vivió en medio de ellos, que comió con ellos, que les enseñó y fue condenado a muerte y que fue resucitado de esta muerte. No tratan de presentar lo que fue su persona y su mensaje, sino más bien quién fue él en el contexto de su tiempo y sociedad. Indagar la identidad de Jesús se vuelve algo fascinante y sobresaliente que genera mucha fe, valor y esperanza. Puesto que Dios se hizo humano en Jesús de Nazaret, cada aspecto de su origen terrenal y de su identidad abre nuevos aspectos o espacios de revelación en el misterio de nuestra redención (*Catecismo de la Iglesia Católica,* 515). Quién es él y cuál es el objetivo de su vida será lo que él mismo anuncia de sí mismo en la sinagoga de Nazaret: la buena noticia de los pobres, la libertad de los cautivos, la luz de los ciegos y la proclamación de la gracia del Señor (Lucas 4:18–19).

Dios ha elegido lo que el mundo considera necio para confundir a los sabios –1 Corintios 1:27

Con frecuencia, al trabajar con personas pobres que han sido encarceladas por errores insignificantes o con quienes buscan escapar de la tortura diaria de vivir en la miseria mediante el uso de las drogas, he descubierto que el Jesús de los evangelios sí es para ellos una fuente real y verdadera para su renacimiento. La profunda visión profunda que adquieren a partir de los textos del evangelio es admirable. Me viene a la memoria Jaime, un joven ex adicto y ex convicto de uno de los barrios pobres de San Antonio, Texas, quien descubrió a Jesús durante el tiempo en que estuvo en la prisión. Este joven venía de una de las áreas del mundo de la cual uno podría preguntarse: "¿Algo bueno puede salir de aquí?". Las áreas pobres de San Antonio estaban plagadas de escuelas inadecuadas, sin bibliotecas públicas, casas abarrotadas de gente y con un nivel de pobreza tan alto que provocaban condiciones de desnutrición, falta de higiene y desempleo. Estas condiciones horribles llevaban a muchos jóvenes a caer en la droga, creyendo que así podrán escapar de los horrores y la desesperación de su vida diaria.

Jaime se levantó desde el abismo más profundo de la existencia humana y llegó hasta la cumbre gracias a su encuentro personal con Jesús. Su lenguaje era del barrio, una rica mezcla de español e inglés que no podría ser aceptada en ninguna escuela ni en ningún púlpito. Su lenguaje era horrible para los puritanos del lenguaje, pero la sustancia de sus pensamientos era admirable. Fue coordinador de un grupo juvenil de Biblia en el que participaba y al cual asistían casi cien jóvenes todos los miércoles por la noche para orar y escuchar la palabra de Dios. Jaime podía explicarles las Escrituras a estos jóvenes en un lenguaje que ninguno de nosotros usaríamos en el púlpito o en la escuela, además de eso, lograba hacer vivo el mensaje de Jesús para esos jóvenes. Jaime sólo había completado el octavo grado de educación escolar y nunca había hecho estudios bíblicos ni de algo parecido, pero lo que entreveía con profundidad en los textos era algo fascinante.

Me maravillaba constantemente por su sabiduría. En una ocasión convidé a un maestro de Biblia a ir conmigo. Y ambos concluimos que verdaderamente este muchacho gozaba de la gracia de la interpretación. Jaime no tenía estudios formales, pero su profundidad era más rica y llegaba más lejos de lo que se encuentra en comentarios bíblicos muy finos.

En distintas maneras Jaime era como un Jesús de Galilea moderno. Su propia experiencia de privaciones, marginación y sufrimiento le comunicaron una profundidad en su visión acerca de la fuerza dinámica de Jesús salvador y liberador, que muchos de nosotros ni siquiera sospechamos. Jaime era considerado por el mundo como un don nadie. Yo mismo estoy seguro que debido a su pasado, no lo hubiera presentado en un seminario en el caso de que Jaime hubiera querido ser sacerdote. Pero estoy muy seguro de que Jaime fue ungido por Dios para brindar a Cristo a los jóvenes. Se aglomeraban a él en gran número y algunos llegaron a afirmar que habían sido sanados por sus oraciones. ¿Jaime hacía milagros? Para ciertas personas, indudablemente que sí. Otros sin embargo, al ver y al oír a Jaime, se admiraban de que yo permitiera que ese joven "despreciable y sin estudios", coordinara este grupo juvenil de oración, y sin duda se preguntaban en su corazón: "¿Algo bueno puede salir de los barrios del pobre?".

¿De Nazaret puede salir algo bueno? –Juan 1:46

Cuando el apóstol Felipe se acercó a Natanael con la emocionante noticia de que el Mesías largamente esperado, el mismo del que habían hablado Moisés y los profetas, se encontraba en medio de ellos, Natanael respondió con total desaliento y desconfianza: "¿De Nazaret puede salir algo bueno?" (Juan 1:46). Galilea era una vasta región fronteriza que había estado bajo distintas invasiones y al presente era una colonia romana bajo la influencia de la cultura griega. Era el cruce de todo y el centro de nada. No era sólo el cruce de viajeros y caravanas, era un cruce de civilizaciones. Nazaret era considerada como una tierra llena de sombras e ignorancia (Mateo 4:16) y padecía la contaminación de los distintos pueblos que vivían en ella. ¿Qué cosa buena puede salir de este revoltijo?

En el Antiguo Testamento no parece que Galilea tenga alguna importancia especial, más bien, parece que sufría una connotación negativa aún en el tiempo de Jesús. Pero es un lugar muy importante en la vida y en el ministerio de Jesús. Es aquí donde su carne y su espíritu toman forma y es la base de su identidad terrenal y la de muchos de sus primeros seguidores.

Al vivir y crecer en Galilea, se entra en contacto con varias civilizaciones, culturas y religiones del mundo. Estos intercambios tendrían que ser algo muy ordinario en Galilea, aun así, serían aborrecidos por algún "puritano" como evidencia de decadencia y de contaminación. Como ocurre con toda la gente que vive en los límites, los galileos eran vistos como gente baja por quienes viven en los grandes centros de la civilización: los judíos que vivían allí estaban muy lejos del templo, igual que los griegos que allí habitaban estaban muy lejos del ateneo y de los gimnasios. Sin embargo, esta vasta *frontera,* tierra de oscuridad y confusión, llegó a convertirse en la luz de las naciones (Mateo 4:15) y la cuna de la nueva humanidad inaugurada por Jesús.

Es esta Galilea la que da a Jesús todas sus particularidades: su lengua, su acento, su estado social, su experiencia de mezclarse con personas diferentes, prejuicios, códigos de pureza, tabúes y otros elementos propios que lo identificaron. Gracias a la forma en que Jesús se relacionó con su sociedad multiétnica y multicultural y con las costumbres de su pueblo, y gracias a la manera en que reaccionó frente a ella, nos ofreció una nueva visión con nuevas alternativas para la vida diaria, estuvo dispuesto a morir a causa de esa misma visión que presentó y por la posición que asumió en relación con las estructuras y las tradiciones de su tiempo, rompiendo así las cadenas del pecado y logrando la redención del género humano.

A la vez que mucha gente veía la pureza racial como una obsesión, muchas personas veían con desprecio a los judíos de Galilea. No sólo se les consideraba como ignorantes de la ley, sino como personas impuras, debido al contacto que mantenían con los gentiles (Freyne, 1988, 216–217). Era inconcebible pensar que el Mesías vendría de allí. Conociendo las tendencias humanas y los impulsos de los seres humanos, no me cabe la menor duda de que en Galilea tuvo lugar un *mestizaje* tridimensional: de cultura, de cuerpo y de idioma. Y recordemos que los mestizos siempre aparecen como los "no aceptados" por los dos grupos que los originan. En verdad son los más marginados de todos los pueblos.

Sí, es aquí donde los marginados de este mundo se entremezclan. Es aquí donde gente de diferentes razas y religiones conviven, lugar sin importancia ni renombre, y es de aquí donde irrumpe la buena noticia de la nueva creación. En un lugar donde los distintos códigos de pureza humana marcan a unos como aceptables y a otros como impuros y rechazados, Jesús asume esta impureza religiosa-cultural sólo para revelar la falsedad de tales códigos y para introducir un código de pureza y pertenencia totalmente nuevo. Este nuevo código no estará basado en ningún código de exclusión, sino sencillamente en la aceptación del inmerecido amor que Dios nos tiene y que nos permite amarnos a nosotros mismos y a los demás como Dios nos ama.

¿A caso va a venir el Mesías de Galilea? – Juan 7:42

El Dios de la Biblia es el Dios de increíbles sorpresas. Hubiéramos esperado que el Salvador de la humanidad hubiese venido de uno de los grandes centros del mundo. Algunos, especialmente por la *Pax Romana,* que trajo paz y prosperidad al mundo, por medio de la fuerza militar romana, pensaron que el César bien podría ser el Mesías prometido. Otros a su vez pudieron pensar que la nueva humanidad de paz y prosperidad podría venir de los filósofos racionales de Grecia. El mismo pueblo judío esperaba que el Mesías viniera de Dios como un jefe militar triunfante al estilo del rey David.

Hoy, como en tiempos antiguos, esperamos que la salvación del mundo venga mediante la fuerza y el poderío militar. Estamos gastando increíbles sumas de dinero en instrumentos de guerra. Seguimos pensando que la ciencia, la prosperidad económica y el poderío militar traerán la paz al mundo. Pensamos en los grandes capitales del mundo. Esto puede ayudar, pero no lo logrará realmente.

Los eruditos religiosos de las sociedades dominantes se ven unos a otros para encontrar la brecha más nueva en el pensamiento religioso que ofrezca luz para el mundo, pero desprecian y no le dan importancia a las voces que vienen de los marginados del mundo dominante.

Dios decidió no venir a este mundo por medio de alguno de los grandes centros de poder, conocimiento o influencias. Esta es la locura de la sabiduría de Dios. De una región que ha sido marginada y está distante de los centros de poder que buscan tener el control y el dominio –sea económico, social, intelectual o religioso– de esa región es precisamente donde Dios quiere y decide que surja el salvador de la humanidad. Dios no se haría parte de la lucha por el control y el poder. No perdería su tiempo en este tipo de luchas en las universidades y tampoco buscaría treparse y ascender en las instituciones religiosas. Tampoco protegería sus acciones en Wall Street ni buscaría un puesto nuevo en la corporación. Al margen de todas las estructuras de poder, Jesús estaría libre, para dar inicio a algo radicalmente nuevo y liberador para todos.

¿Por qué Galilea? ¿Por qué la frontera?

La primera respuesta a la pregunta "¿Por qué Galilea?" Puede ser muy sencilla y totalmente correcta: "Porque así lo quiso Dios!" Y,

¿quién soy yo para cuestionar los caminos de Dios o para enfrentar mis razones a la acción de Dios? ¡No soy el consejero de Dios!

En el transcurso del tiempo, Dios ha revelado su identidad de muchas maneras, no obstante, lo ha hecho de una manera privilegiada mediante la dinámica de la revelación, tal y como se ha manifestado mediante el pueblo hebreo, testificado en la Biblia, y en la plenitud de los tiempos por medio de su Hijo, quien se hizo uno de nosotros para salvarnos. En las luchas por la libertad, la identidad y la tierra del pueblo hebreo, Dios estuvo actuando y hablando a favor de los pobres y desposeídos de este mundo, quienes son frecuentemente las víctimas de la codicia del más poderoso. Y es verdad que aun entre los pobres y los oprimidos de este mundo puede haber personas crueles, inflexibles y encerradas en sí mismas. Según la historia, los grupos humanos han evolucionado debido a sus contactos con otros pueblos. El intercambio que tiene lugar entre personas y grupos hace avanzar a la humanidad. Es cierto que los grupos colonizados y dominados tienen miedo de establecer contacto con poderes dominantes por el miedo a que sus maneras de vivir sean destruidas y dejen de existir, es decir, porque temen experimentar algún tipo de etnocidio.

En la vida y en las enseñanzas de Jesús, es evidente que se identifica a sí mismo con los descastados y "los pecadores públicos" de la sociedad, al tiempo que les ofrece un nuevo sentido de dignidad, identidad y pertenencia. Jesús no sólo entra en contacto personal con los marginados de su propio pueblo; más aún, llega a escandalizarlos al entrar en contacto con extranjeros y extraños, tales como la mujer samaritana, la mujer cananea y el centurión romano. Es por medio de estos, de "los otros" anulados e indeseados de la sociedad, por quienes el mundo comenzaría a experimentar una nueva creación. Bien podríamos decir que Dios desea que conozcamos los caminos, la mente y el corazón de Dios, muy en contraste con los caminos de la sociedad pecadora.

Hay algo que me ha intrigado desde siempre y es que, mientras que Dios revela mucho por medio de la historia del pueblo de Israel, Galilea jamás juega un papel significativo en el desarrollo de los acontecimientos. De hecho, si algo aparece es su perfil negativo, la imagen de Galilea considerada como la tierra de los gentiles, tierra de mezcla étnica indeseable y despreciada, tierra de impureza tanto étnica como religiosa. Fue una región marginada del mundo que, si no hubiera sido por Jesús, posiblemente hubiera quedado relativamente desconocida e insignificante en el mundo de hoy.

Cuando penetramos en el misterio de la entrada de Dios en las dinámicas de la redención humana, estamos obligados a reconocer que el juicio bíblico es que la humanidad ha pecado y se ha salido de los caminos divinos. En los grandes esfuerzos por construir el imperio, la humanidad fue esclavizando y aplastando a los más débiles e indefensos de este mundo contra la voluntad y la intención del creador. No fue el desarrollo humano en sí mismo lo que fue pecaminoso, sino la construcción de familias y naciones a costo de esclavizar y destruir a otros pueblos. El gran misterio de los caminos de Dios es que Dios mismo no usará la lógica del poder de este mundo, sino que, al contrario, introducirá un nuevo poder totalmente insospechado para los poderes de este mundo.

Dios escoge al pueblo hebreo para que sea su propio pueblo. ¿Quiénes eran ellos en relación con el resto del mundo? Eran los insignificantes, los extranjeros e inmigrantes temerosos, el "otro", al que los propietarios de la sociedad dominante no querían ni siquiera conocer. El mismo nombre "hebreo" parece que viene de una palabra antigua, *apiru,* que señala a pueblos sin nombre e identidad. Es este pueblo que vaga sin rumbo y desprotegido de cualquiera de las deidades poderosas de esa época al que Dios escoge para hacerlo su propio pueblo. Es a este pueblo a quien Dios le dice: "He visto la opresión de mi pueblo … y he bajado a librarlos" (Éxodo 3:7–8).

De este modo Dios inaugura un modelo nuevo para brindar su redención: no al sabio y al poderoso, no al rico y famoso, no al dominante y bien instalado, sino a aquellos que han sido privados de su humanidad más básica por las estructuras injustas de este mundo. Aquellos a quienes el mundo considera insignificantes e inferiores Dios los redime al escogerlos como su propio pueblo, ¡Y Dios se escoge sólo lo mejor, jamás escoge basura!

Ahora bien, son escogidos no para derrumbar al poderoso siguiendo sus caminos y sus armas, sino introduciéndolos en nuevos caminos, valores e ideas y así construir una nueva humanidad para todos y cada uno de sus hijos e hijas. Desde sus propios sufrimientos, son llamados a crear una sociedad donde nadie tendrá que sufrir. Sus sufrimientos son la base de su llamado, no para canonizar el sufrimiento como si esto fuese algo bueno, sino para luchar por la eliminación de las causas que realmente causan el sufrimiento.

Este modelo que selecciona a los rechazados de este mundo para dar inicio a la nueva creación es consistente no sólo con las

Escrituras Hebreas, sino que viene como punto elevado en Jesús el Galileo, hijo de María, y continúa incluso hoy en las apariciones de María –al indio Juan Diego, a la niña campesina Bernardette, y a los niños en los campos de Fátima–.

De esta manera, siguiendo con este modelo, continuamos profundizando en la pregunta, "¿Por qué Galilea?" Jesús fue un campesino marginado de una región marginada del mundo. Ciertamente fue un hombre extraordinario, tal como el niño Fidencio en el norte de México o Don Pedro Jaramillo en el sur de Texas o como otros líderes carismáticos y sanadores por medio de la fe. A pesar de sus grandes habilidades y su gran arrastre, continuaron siendo personas marginadas en todos los aspectos en relación a la sociedad dominante. Esa identidad de marginado ciertamente encaja en el modelo de las personas elegidas por Dios.

No obstante, me parece que hay una razón más para escoger a Galilea. El gran pecado del mundo es cómo la gente usa la belleza especial de la particularidad étnica y religiosa para segregar pueblos, para separar a unos de otros, excluir a grupos indeseados, para explotarlos y hacerles pensar que ellos mismos son inferiores, sucios, incapaces, inclusive, llegando a crear violentas animosidades de unos contra otros. El poderoso define a los débiles como inferiores y no duda en hacerlos sus esclavos. ¿No es este el gran pecado del mundo de hoy? Hace pocos años pensábamos que la amenaza más grande para la paz mundial era el comunismo; sin embargo, hoy está muy claro que la amenaza más grande a la paz mundial son los odios étnicos y religiosos. Estos son hoy la base de nuestras guerras. Estos bien pueden ser la base de pandillas étnico religiosas que están a lo largo y ancho de los Estados Unidos y que pueden hacer de nuestros vecindarios campos de batalla.

Jesús creció, por designio de Dios, en una región sin importancia donde varios pueblos vivían, trabajaban y comerciaban juntos. No fue esto un intento ideológico de edificar una nueva sociedad multiétnica donde floreciera una tolerancia religiosa y un intercambio. Fue simplemente una forma práctica de sobrevivir al margen de sociedades étnicas bien definidas donde las reglas ordinarias y los tabúes contra la mezcla étnica no se aplicaban con rigidez. En esta región marginada del mundo, los límites que mantienen a la gente apartada eran bastante borrosos, no por principios sino por lo práctico de las necesidades diarias.

Hablando humanamente, Jesús creció apreciando el valor positivo de los distintos pueblos que lo rodearon, en medio de los cuales creció y desarrolló su propia vida y aun el valor de la mezcla y la síntesis de ideas, tradiciones y costumbres. Siendo un judío devoto y fiel, esta experiencia de su niñez lo capacitó para apreciar el valor y la dignidad de los demás, a pesar de lo diferentes que pudieran ser. Igualmente esta experiencia lo capacitó para relativizar los límites de separación creados por razas, grupos étnicos y religiones y, gracias a esa experiencia, pudo experimentar cómo se puede ser muy leal y fiel a uno mismo a la vez que una persona puede enriquecerse por la "alteridad" de los demás. Las diferencias étnicas y religiosas no nos destruyen ni hacen personas impuras. Muy al contrario, nos enriquecen en gran medida y nos humanizan mucho más. Lo estúpido y cruel de la segregación se yergue a sí misma en un fuerte contraste con la sabiduría y belleza de la amistad, realidades que van más allá de todo límite. Dios se valió de los años formativos de Jesús en Galilea para tomarlos como base y así iniciar el nuevo Reino de Dios, una nueva familia por encima de diferencias sanguíneas, sociales, étnicas, raciales y religiosas, que la gente usa para separar y clasificar a los pueblos.

¿Por qué Galilea? Pues precisamente porque su mezcla étnica fue un buen lugar para comenzar la nueva hermandad universal que Jesús vino a iniciar. Ya que Galilea fue un cruce entre las grandes civilizaciones construidas por la humanidad y entre las religiones del mundo, fue un gran lugar para el Reino de Dios como fue proclamado e iniciado por Jesús. En medio de la gente que los grandes de este mundo consideraban como los últimos, desde esta misma gente surgirá lo más grande del mundo. Ciertamente, como Pablo nos lo ofrece en su Primera Carta a los Corintios: "Dios ha elegido lo que el mundo considera necio para confundir a los sabios; ha elegido lo que el mundo considera débil para confundir a los fuertes; ha elegido lo vil, lo despreciable, lo que no es nada a los ojos del mundo para aniquilar a quienes creen que son algo" (1 Corintios 1:27–28).

El gran cruce de las antiguas civilizaciones, la tierra fronteriza que marca los límites del extranjero para unos y el comienzo de otra religión geoétnica, ahora llegaría a ser la cuna de una nueva humanidad abierta a todas las diferencias étnicas del mundo.

En uno de los textos más antiguos de los primeros cristianos encontramos otra pista importante en el significado redentor de la identidad terrenal y social de Jesús: "Él es la piedra rechazada por ustedes, los constructores, que se ha convertido en piedra fundamental" (Hechos 4:11).

Este Jesús terrenal, cuya divinidad fue enmascarada por los estereotipos de su identidad sociocultural constituye el máximo rechazo de su mundo socialmente construido. Jesús fue alguien a quien nadie hubiera escogido para jugar en su equipo, ni habría sido admitido en alguna escuela prestigiosa de su tiempo, o que hubiera recibido alegremente en sus clubes; ni siquiera se le hubiera permitido entrar a un seminario para vivir una formación sacerdotal. De hecho, muchas de las Iglesias cristianas de hoy no hubieran querido tenerlo cerca, ni le hubieran permitido ser miembro de sus congregaciones.

Los constructores de este mundo de pecado, es decir, los constructores de los imperios sociales, políticos, económicos y aún religiosos de este mundo, no lo hubieran querido tener en su nómina, excepto para darle un trabajo barato de esos que ninguna otra persona quiere desempeñar. Su identidad social ocultaba su verdadera identidad de auténtico ser humano y así, no era reconocido ni aceptado. Tal realidad no nos sorprende, dada la habilidad del pecado para distorsionar la verdad, puesto que no nos deja verla, especialmente la verdad de lo verdaderamente humano. ¡No nos admira el que su pueblo se angustiara y se escandalizara cuando Pilato se los presentó como su rey! Y para Pilato esta fue la medida más extrema para insultar al pueblo judío: les presentó a un campesino galileo marginado como su líder. El pecado destruye nuestra capacidad para ver y apreciar la verdad, la bondad, la belleza de lo humano: cada ser humano es creado a imagen y semejanza de Dios y está invitado a participar en el desarrollo de la creación que Dios ha puesto a nuestro cuidado.

Comienzo de la buena noticia de Jesús, Mesías, Hijo de Dios –Marcos 1:1

La memoria escrita más antigua de Jesús es el Evangelio de San Marcos. Y este comienza y termina la buena noticia con historias de Galilea. Como Juan lo recuerda en la narración de su evangelio, Jesús realizó la primera de sus muchas señales en Caná de Galilea, y fue precisamente en Galilea donde llamó a sus Apóstoles y realizó ahí mismo muchas de sus actividades. Luego de la resurrección, les pide que vayan a Galilea diciéndoles que ahí lo verán.

Siendo un galileo, Jesús se hizo un hombre impuro, es decir, impuro según los códigos de pureza de la humanidad pecadora. Quienes están fuera de los códigos de pureza se convierten en los indeseables e intocables de la sociedad. Son víctimas del pecado del mundo. Al adoptar el "vacío" de todo estado social, el Hijo de Dios asume en su carne la humanidad "impura" y así participa en la solidaridad de los que cargan con dolor este estigma. Pero no es precisamente para sufrir por lo que se hizo galileo, sino que se hizo galileo para destruir esta señal externa de impureza y revelar la verdadera pureza: la pureza de un corazón limpio. Los constructores de este mundo pueden pensar en desarrollo, renovación y reformas, pero como están las cosas en la humanidad se hace necesario un nuevo comienzo.

En el mismísimo centro de las creencias cristianas está la convicción de que es por medio de la muerte y resurrección de Jesús como se lleva a cabo nuestra redención. La humanidad herida alcanza su rehabilitación por medio de Jesús, por medio de él es sanada y redimida. Lo que es más poderoso y efectivo en la vida de la gente ordinaria es el hecho de que fue Jesús, quien vino de Nazaret, un pueblo situado en la Galilea multiétnica, el que fue crucificado, resucitado e instalado por Dios como Señor de las naciones, juez de vivos y muertos. No fue cualquier hombre que murió por nuestros pecados, sino muy específicamente este individuo llamado Jesús de Nazaret, el carpintero de la Galilea de los paganos (Mateo 4:15), el hijo de María de Nazaret.

La gracia obra por medio de la naturaleza y Dios obra mediante los acontecimientos de la historia humana. Dios usó este cruce de pueblos y civilizaciones para iniciar la unidad perfecta de los pueblos, no la unidad que una civilización impone sobre otra, sino la que combina elementos de cada una y forma algo verdaderamente nuevo. No hay pueblo alguno que por sí solo pueda salvar a la humanidad, ni siquiera el pueblo escogido de la alianza hebrea. Se deben tomar elementos de muchos pueblos para comenzar a formar el mosaico de la nueva humanidad que llegue a reflejar verdaderamente la imagen y semejanza de Dios, del Dios que creó todos los pueblos a su misma imagen y semejanza.

Es precisamente en Galilea donde el cuerpo del Verbo hecho carne crece como adulto y, por medio de este cuerpo galileo y por su espíritu como la verdad de lo humano, la verdad divina, se da a conocer a la humanidad. Ciertamente que este es uno de los grandes misterios de la mente y del corazón de Dios, no algo misterioso que no pueda resolverse, sino más bien algo que nos permite apreciar en gran medida la magnanimidad insospechable del amor de Dios.

Tierra de Zabulón,
tierra de Neptalí,
camino del mar,
al otro lado del Jordán,
Galilea de los paganos.
El pueblo que habitaba
en tinieblas
vio una gran luz;
a los que habitaban en una región
de sombra de muerte,
una luz les brilló.

—Mateo 4:15–16

CAPÍTULO 6

Una experiencia transformadora

A quien no cometió pecado, Dios lo hizo por nosotros reo de pecado –2 Corintios 5:21

¡Jesús se hizo semejante a nosotros en todo, menos en el pecado, y él fue hecho pecado! Qué afirmación tan sorprendente. Fue hecho así para sufrir las consecuencias del pecado que iba a erradicar desde sus raíces más profundas: "Para que nosotros, por su medio, obtuviéramos la rehabilitación de Dios" (2 Corintios 5:21). El pecado no sólo nos vuelve ciegos para no ver ni apreciar la verdad, especialmente la verdad acerca de los seres humanos, sino que también pervierte nuestra manera de vernos, entendernos y juzgarnos a nosotros mismos y a los demás. El pecado del mundo es la gran cantidad de mentiras creadas por los poderosos respecto a sus víctimas –que son inferiores, irresponsables, impuros, inmorales e irresponsables–, es decir, una letanía de nociones e insultos degradantes. Como resultado, fácilmente se señala a las víctimas inocentes como repugnantes e inferiores, mientras que las personas que cometen las injusticias aparecen como buenos, hermosos, santos y modelos de lo que significa verdaderamente ser humano.

La gran maldición del pecado es que, con el tiempo, muchas de las víctimas comienzan a creerse esta falsedad creada en contra de ellas mismas. Aun en el caso de que no lleguen a creer lo que se afirma en su contra, sufren sus consecuencias. Lo peor y lo que más les daña de esta forma de esclavitud y de encarcelamiento espiritual es cuando las víctimas llegan a creer todas las cosas horribles que la sociedad dominante inventa acerca de ellas, cuando llegan a pensar que son algo despreciable, indigno e impuro. En esta misma forma, cuando Jesús se hace pecado, no es que peque personalmente: es que sufre las consecuencias del pecado: fue juzgado como malo, se le ve como a alguien que es malo y, además, se le ridiculizó y se le despreció públicamente.

La distancia entre la verdadera identidad de Jesús y aquella identidad que le atribuyó la sociedad de su tiempo es astronómica. ¿No es esto una de las grandes fuentes de sufrimiento, ansiedad, y aun vergüenza en nuestras propias vidas: la distancia entre lo que la sociedad y la familia dice que somos y lo que realmente sabemos que somos? Y el gran desastre es la frecuencia con la que comenzamos a creer las falsedades que los demás inventan en contra de nosotros mismos. Es esta la distancia deshumanizadora y esclavizante entre lo que Jesús realmente fue y lo que otras personas pensaron y dijeron que era. Jesús llegó a ser una de aquellas personas que la sociedad pecadora marca falsamente como ilegítima, impura y baja. Es precisamente de esta manera como encuentra motivos para excluirla de las estructuras sociales, especialmente de las celebraciones y fiestas que son sólo para la gente "pura y hermosa" de la sociedad dominante. Y si llegasen a desafiarla, poniéndose en la fila, con mucha facilidad serían totalmente desacreditadas o eliminadas. ¿Podemos admitir que Jesús llegó a creer las maldades que la gente afirmaba de él? Nadie lo sabe, lo que sí sabemos es que eso le debió herir profundamente aunque bien sabía que todo eso era falso.

Probablemente Jesús sufrió durante su niñez muchas insinuaciones malévolas y ofensivas que entran en lo más profundo del corazón y la conciencia de una persona, ocasionándole un daño psicológico de por vida. Jesús fue un campesino judío galileo marginado y por tanto debió hablar con el acento y la forma mezclada de una persona de idioma mezclado, algo así como ahora nuestro propio tex-mex. Esto debió ganarle el ridículo de los habitantes de la ciudad y de la sociedad más sofisticada. Aun hay algo más. El asunto aquel de su verdadero padre y el cuento de su misteriosa concepción debió abundar con facilidad en el pequeño poblado de Nazaret, como sucede siempre en pueblos pequeños. Seguro estoy de que María no fue considerada "bendita" por su generación ni por sus paisanos, ni su hijo fue reconocido como alguien especial por quienes convivían con él en esos lugares. Es muy posible y me atrevo a pensar que hasta probable, que aun su familia inmediata y su familia extendida hacían comentarios y chistes en su contra. Como sucede frecuentemente, los insultos y apodos más crueles son los que se escuchan entre la misma familia y el mismo barrio. Y esto tan especialmente cruel se riega con rapidez en un pueblo pequeño donde los chismes, especialmente los rumores que hacen daño, son el entretenimiento del lugar. Tan es así que en el periodo de su vida del que tenemos información, hay muchas acusaciones que recibió: nacido por fornicación (Juan 8:41), poseído por el demonio (Marcos 3:22), loco (Marcos 3:21), animador de revueltas, agitador, amigo de indeseables, aun glotón y beodo (Mateo 11:19, Lucas 7:34).

El bochorno más profundo y destructivo es tener que vivir con la conciencia de que por ser lo que soy, la sociedad, y en especial quienes tienen autoridad, me consideran un ilegítimo, inferior e indeseado, apenas bueno para hacer trabajos que nadie quiere hacer, pero nunca lo suficientemente bueno para pertenecer plenamente al grupo dirigente y dominante. No interesa cuánto me esfuerce, ni cuan bien desempeñe mi trabajo dentro de las estructuras dirigentes, los señalamientos y las maliciosas insinuaciones siempre me estarán recordando que no pertenezco del todo a ese nivel. Los hijos de las minorías raciales crecen mirándose siempre a sí mismos como manchados y repugnantes. Los hijos de minorías marginadas, en especial minorías raciales, crecen con este estigma deshumanizante. Y los hijos mestizos crecen con el doble estigma de no ser del todo aceptado ni por el grupo de su padre ni por el de su madre. Y esto es mucho más doloroso y complicado cuando es el padre quien rechaza reconocer, reclamar y dar su nombre al hijo que engendró. Incluso en la sociedad hay un nombre horrible para quien nació fuera de matrimonio, nombre que se le da también a quien hace algo horrible, este nombre horrible es: bastardo. La vergüenza existencial es muy profunda y es a la vez uno de los aspectos más dolorosos que se cargan a lo largo de la vida.

Continuamente Jesús fue acusado de obrar mal y así llegó a ser condenado a muerte. Se defendió, pero nunca pensó vengarse. Jesús no se vengó, sino que perdonó, dio el perdón que rehabilita por igual al ofensor y al ofendido y les devuelve su inocencia original. Inclusive, cuando fue sometido a la peor violencia posible, Jesús persevera en su práctica del perdón que comunica vida y liberación. Este es el único camino de sanación, de íntima libertad de espíritu y de paz. La venganza sólo produce la propia destrucción.

¿Cómo podría cualquier persona humana que creció como Jesús ser tan segura de sí misma, tan comprensiva, compasiva y llena de perdón como lo fue él? Durante su vida Jesús fue víctima en diferentes maneras. Estoy seguro de que los peores insultos no se encuentran registrados en nuestras Escrituras y que en su vida pública jamás cayó en la conmiseración propia, ni en venganzas, ni en necesidad de castigar a los verdugos. ¡Nunca pasó de ser víctima a verdugo! ¿Qué le comunicó a Jesús esta fortaleza para soportar las injusticias y los insultos sociales y le impidió caer en la vergüenza, culpabilidad o venganza? Sería desfigurar su humanidad si pensáramos que nunca sintió dolor, temor o siquiera angustia. Tenemos claros indicios de que su angustia lo llevó a proclamaciones y acciones proféticas y heroicas. ¿Qué lo capacitó para pasar del dolor y la angustia? Es frecuente que el dolor y la angustia destruyan a la gente, pero esto hizo de Jesús alguien totalmente nuevo y maravilloso; de hecho, alcanzó un nuevo aprecio de lo que es la pureza verdadera, una nueva base de identidad definitiva y una fuente de pertenencia. ¿Qué dio valor a este varón de dolores para convertirse en el gran visionario y en el profeta del amor?

Uno nunca sabe lo que pasa en la mente y el corazón de otras personas y nunca sabremos lo que pasaba en la vida de Jesús antes de comenzar su vida y su ministerio público. Ahora bien, si sabemos lo que pasa en las vidas de las minorías raciales que habitan en los pequeños pueblos de Texas, claro que podemos sospechar lo que le pasaba a este judío campesino y marginal de Galilea. Por mucho que amara las tradiciones de su familia y de su cultura, debió sentir lo mismo, igual que nuestros jóvenes de hoy, completamente acorralado y sofocado en medio de esas tradiciones. ¡Tuvo que salirse de ahí para no terminar atolondrado!

Desde entonces empezó Jesús a predicar diciendo: "Conviértanse, porque está llegando el reino de los cielos" –Mateo 4:17

Jesús deja a un lado su trabajo, su vecindario y su familia y marcha no al centro cultural y religioso de su pueblo en Jerusalén, sino que se va al desierto a ver a Juan el Bautista quien está proclamando un mensaje sencillo, pero revolucionario: "Conviértanse, porque está llegando el reino de los cielos" (Mateo 3:2). Este mensaje es breve y directo. A las masas les fue fácil entenderlo. Nada de dogmas y ritos complicados. Las masas, *massa damnata* (masa condenada), frecuentemente oprimidas por su sentido de culpa que le impusieron sus propios líderes religiosos, se amontonaban junto a él. Jesús se sentía en casa junto a esta turba que lo buscaba. Él es uno de ellos; ellos son su propia gente, gente marginada y muchas veces despreciada por la sociedad y que piensan que son gente inferior y sin valor.

Juan está llamando a un arrepentimiento, porque el Reino de Dios está cerca. Arrepiéntanse, no precisamente por las malas cosas que han hecho, sino más bien por no haber confiado suficientemente en la providencia amorosa y bondadosa de Dios. Arrepiéntase por la manera que tienen de pensar, por creerles todas las mentiras a los sacerdotes del Templo, a los fariseos, a los saduceos y a todos los que les están mintiendo sobre su suciedad y su falta de valor. Arrepiéntanse de la peor de todas las injusticias: no creer en ustedes mismos, admitir que Dios los hizo inferiores a los demás y menos dignos que ellos. El arrepentimiento conlleva un cambio de actitud en relación con uno mismo y con los demás, puesto que en el Reino de Dios todos gozaremos de igualdad radical de ser hijas e hijos de Dios que nos ama y nos cuida. Meterse en el agua es enterrar el pasado, ese pasado de actitudes y de heridas, de esa anticuada manera de pensar de uno mismo y de los demás. Meterse en el agua es ahogar las identidades falsas, deshumanizadoras y paralizadoras impuestas por las estructuras de pecado, para que así resurja una persona limpia de los sentimientos y actitudes que la hacían sentir sucia, barata e inferior. Resurgir del agua es realizar un cambio radical en la vida. Jesús también experimentó este cambio: de su tranquila vida en Nazaret a su provocativa vida pública, de su típica resignación del pobre, *"pues así es la vida"* a una actividad dinámica a favor de una nueva vida. La víctima del pecado llega a convertirse no en el vengador sino en el artífice de la vida.

Jesús vino a meterse con las masas que buscan una nueva vida y su bautismo con Juan fue una profunda experiencia religiosa que la primera comunidad cristiana no pudo olvidar ni ignorar. Este acontecimiento marcó un gran cambio en la vida de Jesús: de su vida escondida en Nazaret a su vida activa de predicación, sanaciones, perdón y celebraciones hasta el fin de su vida. Jesús experimentó un clamor divino y llegó a ser el agente de ese amor y lo puso al alcance de todos. "Desde entonces, empezó Jesús a proclamar" (Mateo 4:17). En el Cursillo y en otros movimientos pastorales, he sido testigo de cómo una experiencia religiosa particular puede cambiar totalmente la vida de una persona, le puede curar sus heridas pasadas y llenarla de un nuevo espíritu. Personas tranquilas, temerosas y tímidas se han transformado en apóstoles articulados y sin miedos. No sabemos lo que sucedió antes en Nazaret, pero lo que sí sabemos es que desde este momento aparece públicamente como el firme, valiente y articulado artesano del viñedo nuevo del amor. Este amor iría a desafiar todas las barreras construidas por la humanidad para separar a la gente del Dios que nos ama, para separarnos de nosotros mismo y de los demás. ¿Qué logró hacer este cambio de una vida de silencio y escondida a una vida muy pública y bien articulada?

Tú eres mi Hijo amado, en ti me complazco

–Lucas 3:22

Desde el mismo comienzo de su vida pública es muy claro que Jesús experimentó un sentido fortísimo de aprobación por parte de Dios y de su incuestionable amor: "Tú eres mi Hijo amado, en ti me complazco" (Lucas 3:22). Este amor tan íntimo es el que comunica a Jesús el poder sentir dolor, tristeza y aun angustia; aun así, no dejarse sucumbir por eso. Fue un amor que frecuentemente se nutría en la íntima conversación con Aquel que de verdad entiende y conoce: nuestro amoroso y cuidadoso *Abba*, papito. El sentirse amado por el amor incondicional de una persona significativa es una fuente inmensa que nos sana y fortalece. Entre más somos amados, más podemos amar. Bien es cierto que el mejor amor humano siempre es limitado de muchas maneras y puede fácilmente terminar en tragedia. Veamos precisamente el trágico amor que se transforma en odio, como es evidente en muchos casos de divorcio.

Sólo hay un amor que nunca nos traicionará, que jamás nos abandonará, que siempre estará ahí para acompañarnos y para darnos fuerza en el camino. Sólo la experiencia del amor de Dios nos puede hacer capaces de amar como ama Dios: ¡sin límites! Este fue el amor que dio fuerza a Jesús para elevarse por encima de los insultos y de las injurias de los demás y responderles no con insultos y con injurias, sino con el poder omnipotente del amor. Esta experiencia muy personal de este amor divino fue lo que colocó su vida en una nueva perspectiva, porque nada es más liberador y vivificante que la experiencia de sentirse amado. ¿Qué importan los juicios locos y malvados del mundo cuando bien sé que soy aceptado, valorado y amado por Aquel que está sobre todo, por Aquel que de verdad lo conoce todo, por Aquel que en última instancia es el autor y juez de la vida?

Llegué a apreciar en gran manera lo consciente que fue Jesús de su íntima relación de amor con Dios como su Padre y lo que esto significó para él, por medio de un feligrés de la parroquia donde ejercía mi ministerio. Joe era un joven bastante atractivo que tenía un trabajo de día, pero le gustabadeambular de noche por las calles en busca de hombres mayores. En una ocasión entró a la iglesia para encender una vela. Poco a poco nos fuimos haciendo amigos y un día me soltó su historia. Era el hijo de una mujer y de un padre que no quiso reconocerlo como su hijo. Joe sabía quién era su padre, pero *éste* jamás lo quiso reconocer como su hijo.

Solamente dos veces en su vida Joe tuvo contacto físico con su padre. Una vez fue cuando siendo aun pequeño su padre fue a pasar la noche con su madre y mientras éste tomaba el café de la mañana, Joe estaba jugando hasta que le derramó la taza de café en el pantalón. El hombre se puso tan furioso y violento que le dio al niño una palmada tan fuerte que le reventó el oído y lo dejó sordo de este oído.

Años más tarde, el hijo legítimo de este hombre comenzó a burlarse de Joe en el patio escolar de recreo porque era un hijo bastardo. Joe se enojó tanto que se peleó fuertemente con su medio hermano. Aquella noche, el padre vino a la casa de Joe para darle una paliza por haberse atrevido a insultar a su verdadero hijo. Le propinó tales golpes que durante varios días le fue muy difícil poderse sentar.

¿Por qué Joe deambulaba por las noches en busca de hombres mayores? Como él me lo contó, le gustaban las mujeres, pero por las noches iba en busca del abrazo de un padre, el abrazo que nunca recibió de su propio padre. Veía a otros padres que jugaban con sus hijas e hijos, los abrazaban y los besaban. Joe realmente había deseado esto, pero jamás lo tuvo. Lo único que Joe había deseado toda su vida era que su padre lo reconociera, pusiera sus brazos paternos a su alrededor y sencillamente lo llamara "hijo mío". No pedía nada más, sólo algo muy sencillo, ser reconocido como hijo por su padre.

El saber quién era su padre, y el desear ardientemente ser reconocido por él como su hijo, fue una herida muy dolorosa y le ocasionó una soledad y un abandono tan profundos que lo condujeron a intentar curarse esta herida con la compensación de las calles de San Antonio. Me confió que realmente el sexo no le resultaba gozoso, lo que amaba eran los abrazos y las caricias que pudiera recibir de los hombres mayores a cambio de los cuales aceptaba sus avances. Alardeaba un poco: "Soy un simulador elegante; esquivo la mayoría de los avances. Puedo llamar una aparición a una milla de distancia".

No quise asustarlo predicándole mi sermón inmediatamente. Gradualmente le fui narrando cómo Jesús pudo haber pasado por algo similar, dado que la gente no sabía quién era su padre terrenal y le comenté que seguramente corrieron muchos rumores al respecto. Joe quedó fascinado con esto. En conversaciones posteriores que se fueron dando gradualmente, continué comentándole la fascinación de Jesús con Dios como su *Abba,* como *papito.* Dios es, en últimas, el Padre de todos nosotros, inclusive, aquellos que no tienen en la tierra un padre que los reconozca como sus hijos o hijas, tienen a Dios, Padre lleno de amor que los llama por su propio nombre, que los abraza y que les dice: "Este es mi hijo amado".

Joe se inscribió en el *Rito de Iniciación Cristiana de Adultos* (RICA) y mediante este proceso experimentó un renacimiento; fue una verdadera experiencia de resurrección. Encontró una sanación increíble y una liberación total cuando recitaba el

Padrenuestro y un día me confió: "Qué bien me siento cuando te llamo padre". Creo que jamás he recibido un halago tan hermoso. Y fue más lindo aun lo que un día confesó con sencillez. Como algo que le causaba risa, afirmó: "Duermo mejor ahora; ya nunca más tengo necesidad de vagar por las calles de San Antonio".

Derramó lágrimas de alegría la noche de su Bautismo. En sentido verdadero, aquella experiencia fue para Joe una muerte real, una limpieza y una purificación de su vida pasada. Fue un miembro activo de la parroquia, participó en el coro y encontró una bonita novia. Hoy está felizmente casado y está muy dedicado a sus hijos. "Jamás quiero que mis hijos pasen por lo que pasé, ni sufran lo que yo sufrí".

Nunca le exigí que suspendiera su vagancia por las calles. Sencillamente caminé con él los caminos de su vida; jamás lo condené. Busqué comprenderlo mediante la compasión de Jesús y le fui invitando a otras alternativas que jamás había sospechado que pudieran existir, y Joe encontró una nueva vida. Aunque puede sonar increíble para muchos, el sencillo pero profundo reconocimiento de que Dios es nuestro Padre, mi padre que me ama mucho más allá de lo que cualquier padre humano puede amar, fue la "buena noticia" que Joe jamás había conocido y que le trajo la redención.

La buena noticia a los pobres –Lucas 4:18

Jesús salió de esta transformadora experiencia para ofrecérsela a los demás. El amor de Dios tan íntimo y poderoso que Jesús experimentó no fue exclusivo para él, sino que también fue compartido por todos los demás. La experiencia tan personal del amor absolutamente gratuito de Dios transformaría todos los pueblos. Sería la base de la nueva vida y sería la base de la nueva visión, daría forma a nuevos criterios; sería la fuerza que capacitaría a los pueblos para caminar y actuar por caminos radicalmente nuevos: "El Espíritu del Señor está sobre mí, porque me ha ungido para anunciar la buena nueva a los pobres; me ha enviado a proclamar la liberación a los cautivos, a dar vista a los ciegos, a libertar a los oprimidos y a proclamar un año de gracia del Señor" (Lucas 4:18–19).

Jesús no vino justamente a hacer sentir bien a los pobres respecto a sí mismos, para que así pudieran estancarse en la miseria de su pobreza. Quiere algo más para los pobres, algo que va más allá de limosnas y ayuda asistencial. En definitiva, la opción por los necesitados y la búsqueda de ellos, el criterio último de la plenitud de nuestra humanidad, y la señal de que las personas pueden contarse entre los "salvados" –no son nuestras buenas obras las que nos alcanzan la salvación, sino que nuestras buenas obras son el resultado de una vida redimida, es decir, de la vida de gracia–. A fin de desarrollar el privilegio de acercarnos a quienes padecen necesidad, de tener algo para ofrecer a los demás, necesitamos desarrollar los talentos y dones que Dios ha dado a cada uno de nosotros. La miseria y la pobreza extremas, la opresión y la marginación prolongadas frecuentemente impiden que la persona tome conciencia de que puede desarrollar sus posibilidades. Jesús nos llama a la plenitud de la vida, a la plenitud de nuestro potencial, a la plenitud de nuestro desarrollo para así ser capaces de ayudar a otras personas que aún están en camino o que ni siquiera han tenido la oportunidad de comenzar. Jesús comienza por abrir los ojos a la gente para que pueda verse a sí misma y para que pueda ver a la sociedad como lo que realmente es.

Me viene a la memoria una señora de uno de los barrios más pobres de San Antonio. Durante una de nuestras sesiones de estudio de la Biblia nos confesó: "Amo el estudio de los evangelios porque con frecuencia descubro cosas buenas acerca de mí misma que nunca jamás había pensado o creído que tenía. Me siento tan bien que tengo ansías de salir para ponerlas en práctica". De veras, así estaba experimentando la buena noticia de Jesús.

Jesús vino para que el pobre pudiera oír la buena noticia (Lucas 4:18), que los pobres no son basura ni son seres inferiores, sino hijas e hijos amados por Dios al igual que todas las demás personas. Vino para que el cojo pueda caminar, para que las personas que sufren parálisis y cojean por el dominio de la sociedad en que viven puedan saltar hacia nuevas oportunidades. Vino para que los ciegos puedan ver, para que la gente pueda abrir sus ojos y ver con los ojos de Dios la creación, y especialmente para que vean a los seres humanos tal como Dios los ve y los valora, para que las personas cegadas por etiquetas puestas sobre sus ojos puedan ver sus muchos talentos y capacidades y comiencen a desarrollarlos (Mateo 11:15; 15:30; Lucas 7:22). Jesús vino para que los cautivos puedan ser liberados, para que la gente pueda ser liberada de la cárcel de su propia baja estima, de la falta de confianza en sí misma y especialmente de esa actitud de sentirse inútiles y para que de una vez y para siempre crean en sí mismas. Jesús vino para que los oprimidos puedan ser liberados, para que quienes están esclavizados por las estructuras injustas de este mundo destrocen las cadenas de la opresión y comiencen una nueva creación, de tal forma que nadie vuelva a ser oprimido. Serán libres no para luego oprimir a los demás, como estos los oprimieron a ellos, sino para hacer el bien a todas las personas, así como Dios lo hace en bien de todos nosotros. ¡La medida de nuestra verdadera libertad es nuestra capacidad de hacer el bien a los demás! En verdad que a fin de liberarnos Jesús asumió nuestra condición y entregó su vida por nosotros. "Ustedes, hermanos, fueron llamados para gozar la libertad; no hablo de esa libertad que cubre los deseos de la carne; más bien sírvanse unos a otros por amor" (Gálatas 5: 13). Cristo conquistó la libertad para nosotros para que nos convirtamos en artesanos y constructores de una nueva creación, los artesanos responsables y creativos de nuestra propia sociedad y de nuestro mundo civil.

¿Quiénes son mi madre y mis hermanos?

–Marcos 3:33

La nueva visión acerca de Dios, de uno mismo y de los demás, naturalmente producirá una nueva familia, no por la sangre sino por el Espíritu. Ya no hay nadie que no tenga padres, porque Dios es el Padre lleno de amor para todos. Ya nadie tiene que vivir sin hermanas y hermanos que los quieran, porque ahora hay una familia más grande y duradera que nos invita a todos a participar en ella. Precisamente por las heridas y los dolores de su pasado, Jesús puede entender los sufrimientos de quienes han vivido en situaciones similares, y saldrá de su camino para llevarlos a una nueva comunidad de amor y hermandad: "Jesús les respondió: ¿Quiénes son mi madre y mis hermanos? Y mirando entones a los que estaban sentados a su alrededor, añadió: Éstos son mi madre y mis hermanos. El que cumple la voluntad de Dios, ése es mi hermano, mi hermana y mi madre" (Marcos 3:33–34). La familia verdadera no es la familia de sangre o la étnica, sino toda aquella persona que decida dejar a un lado la vida anterior y entre a formar parte de la nueva hermandad en el amor. Ya no interesa saber quiénes son tus padres, tu apellido, de dónde eres o qué es lo que has realizado en tu pasado; todo eso es del todo irrelevante. Lo que ahora cuenta es tu voluntad de cancelar tus antiguas categorías de juicio y dar inicio a una nueva vida de amor.

Los descastados, los impuros por la ley, los pecadores públicos, los pequeños, las mujeres solteras que carecen de un patriarca para que las proteja, las prostitutas, los destituidos y todas aquellas personas a quienes excluyó la santa comunidad israelita son precisamente quienes reciben la bienvenida por parte de Jesús; más aun, por medio de ellos irrumpirá el Reino de Dios. La aceptación radical y la bienvenida que Jesús ofrece de manera particular a los más marginados e indeseados será la base de la nueva santidad en la comunidad de Jesús (*Catecismo de la Iglesia Católica,* 827). También los demás serán bienvenidos, pero muy probablemente no querrán juntarse con los desechados de su propia sociedad.

No podemos deshacer el pasado, sin embargo, mediante la experiencia íntima del amor de Dios y de su perdón purificador, podemos recobrarlo de tal manera que nos permita transformarlo en la energía de una vida nueva. El pasado no desaparece sino que trasciende. Es en esta experiencia donde se disuelven y desaparecen las máscaras que elaboró nuestra sociedad, quedando al descubierto nuestra verdadera identidad, tanto para nosotros mismos como para los demás. Ni somos basura ni somos seres inferiores, sino hijas e hijos muy amados del Dios del amor. Es con la mente y con el corazón de Jesús como nuestro propio ser comienza a florecer y a vivir una vida nueva desde la cual comienza a brotar el nuevo descubrimiento de nuestra propia identidad. No somos lo que el mundo dice que somos, sino lo que Dios bien sabe que somos.

> *Habiendo experimentado el poder transformador del amor de Dios, nos sumergimos en las aguas del bautismo para ahogar allí nuestro viejo yo y así salir del agua con una vida nueva y energizada por nuestro valor propio, con nuestra inteligencia liberada y con el corazón lleno de amor* (Catecismo de la Iglesia Católica, *1275). En verdad, es el inicio de una nueva creación.*

CAPÍTULO 7

Inocencia restaurada

Tampoco yo te condeno. Puedes irte, pero no vuelvas a pecar –Juan 8:11

El sentido de culpa y el resentimiento son los dos cánceres más agresivos del alma y probablemente son un gran factor en varias enfermedades del cuerpo. Son fuerzas destructivas que vuelven enemigos mortales a quienes un día fueron amigos y familia. Son veneno para el corazón, perversión para la mente y hacen la vida miserable para todos. Parece que existe un sentimiento de que sólo por medio de la revancha y la venganza se logra la rehabilitación. El pasado nunca se puede abandonar, pero una nueva vida puede surgir de eso, una vida que, como el ave fénix, se levanta de las cenizas de su pasado. Por medio del amor redentor de Dios, aun las faltas del pasado pueden transformarse en el combustible de un nuevo fuego y en los ingredientes del alimento para la mesa del banquete.

Mi buen amigo y colega Daniel Groody cuenta una experiencia muy conmovedora: "Hace muchos años, mientras estudiaba teología, viví en una casa muy cómoda en Berkeley, California. Leía acerca de cómo Dios tiene un amor preferencial por el pobre y que la Iglesia está llamada a hacer una opción preferencial por el pobre. Durante años luché para conocer exactamente lo que esto significaba. Esta inquietud me condujo a invertir parte de mi tiempo en entrevistas con gente que era muy pobre y gozaba de pocos privilegios. Aun así, jamás llegué a hacer otra cosa que no fuera el escuchar sus historias. Me senté en las aceras al lado de las personas vagabundas y desamparadas, de prostitutas y de gente que vivía en la calle. Sus comentaros fueron toda una verdadera revelación para mí.

"Una de las historias que más me conmovieron fue cuando una vez me fui a la estación Grand Central de Nueva York. Tenía algo de tiempo libre, así que me puse a pasear y hablar con algunas personas, más notoriamente con prostitutas y mujeres así. En cierta ocasión, una de estas mujeres estaba caída en el suelo de la Estación Central. Miles de personas pasaban a su lado y ni siquiera la miraban. Su cabello gris estaba recogido con una cinta, y se cubría con un roído abrigo de nylon. Estaba sola, completamente sola. Me dirigí a donde vendían café y compré dos tazas de café y me senté a su lado. Le ofrecí una de las tazas de café y le pregunté: '¿cómo le va?', y me dijo dura y cortante: 'Bien'. '¿Qué hay de nuevo?'. 'Nada', fue su respuesta en la misma forma cortante. '¿Cómo ha pasado el día?'. 'Bien', murmuró. No me llevó mucho rato el saber que no llegaríamos muy lejos en nuestra conversación. Simplemente, decidí sentarme junto a ella y tomar mi café. Se hizo una gran pausa en estos momentos. Seguí sentado y esperé, terco en mi espera para ver si esta mujer no iba a decir ni una palabra más. Pasaron unos veinte minutos, me miró un poco sorprendida, y me dijo: A todo esto, '¿Quién es usted?'. Ella no entendía qué diablos hacía yo a su lado, por qué yo no la ignoraba como todo el mundo. Luego que sus palabras rompieron el silencio, le aclaré: 'Soy sacerdote'. Para sorpresa mía, estas dos palabras la rompieron por dentro. Comenzó a llorar mucho, notoriamente, con sollozos y con lágrimas. No supe qué decir, ni quise interferir el momento con mis palabras. Sencillamente continué sentado a su lado y en silencio. Era una especie de silencio sagrado, algo que yo no quería manosear con palabras. Era un momento más para contemplar que para complicar. Pero después de un largo rato, sus lágrimas disminuyeron, y me permitieron hablar de nuevo. Y le dije: '¿Cómo se llama?', y me contestó: 'Sara'. Le dije, 'Sara', si usted tuviera la oportunidad de cambiar una cosa hoy en el mundo, ¿qué cambiaría?'. Pensé que me hablaría del Presidente, de las condiciones de las personas que no tienen hogar, o de otros males estructurales del mundo, pero ella fijó su mirada en mí y me dijo: 'Si yo pudiera cambiar algo hoy en el mundo, lo que yo cambiaría sería ... mi mentalidad'. Quedé aturdido por su respuesta, esta mujer me había enseñado algo importante. Me reveló una verdad acerca de la experiencia humana que antes sólo había conocido débilmente –el dolor destructor de las memorias y recuerdos que no hemos sanado–".

Sin importar las heridas que esta mujer había padecido o causado, sin importar el dolor, la vergüenza y la culpabilidad, esta mujer acababa de expresar el profundo anhelo de su mente y de su corazón: lograr su purificación y su limpieza. Lo que esta mujer más deseaba era alejar todos estos pensamientos sucios y destructivos que la venían atormentando. ¿Será esto posible? ¿Es posible que uno quede tan completamente limpio que comience a gozar de una inocencia recién adquirida?

Nuestros antepasados Nahuátls tenían la costumbre de traer a un sacerdote al lado de la persona moribunda para que escuchara la confesión de la persona y absorbiera toda la suciedad de la persona moribunda, a semejanza del papel que absorbe la tinta que se ha derramado. Así la persona quedaría totalmente purificada al entrar en una nueva jornada y al participar en otro nivel de la vida. Otras religiones tienen diversas maneras de ofrecer la purificación. El deseo de purificación está tan arraigado en nuestro corazón que se expresa de diferentes formas en las diversas tradiciones religiosas de la humanidad.

Jesús no quiso que esperáramos hasta el momento de la muerte para que comenzara nuestra purificación. La invitación al arrepentimiento que Jesús hizo desde el mismo comienzo de su ministerio público fue una invitación a tener un corazón nuevo y una mente nueva: el corazón y la mente de Dios, que es un Padre lleno de amor y de misericordia para todos nosotros. ¿Podemos ser capaces de aceptar este amor de Dios, que comienza por un perdón que nos purifica totalmente y nos hace comenzar una vida de nueva inocencia (*Catecismo de la Iglesia Católica,* 978)?

La noción de inocencia nos lleva a muchos pensamientos hermosos –pureza de mente, corazón, ideas, deseos, acciones, de todo nuestro ser–. Nos brinda nociones de paz, armonía y espontaneidad.

Inocencia indica libertad de cualquier maldad. Cuando alguien ha sido acusado de un crimen, no hay palabras más bellas y reanimadoras que las que pronuncian nuestros compañeros del jurado: "no es culpable". El código penal de los Estados Unidos de América está basado en la presunción de que uno es inocente hasta que se prueba lo contrario. Pero la sola acusación, aun cuando uno es inocente, hace mucho daño a la persona.

Uno de los aspectos más hermosos del carácter de Jesús fue su inocencia. No la inocencia de la ignorancia, sino la hermosa inocencia de quien está totalmente liberado de resentimiento y de culpa. Jesús nos invita a gozar esta inocencia cuando experimentamos el perdón inmerecido, sin límites y misericordioso de nuestro Dios que nos ama más allá de nuestros sueños más impetuosos. La experiencia de este perdón nos capacita a hacer lo que sólo Dios puede hacer: amarnos a nosotros mismos y amar a los demás hasta tal punto que podamos perdonar a quienes nos han ofendido, y aún más, aceptar el perdón por las faltas que nosotros mismos hayamos cometido. No porque no exista vergüenza, dolor y herida, sino porque ahora compartimos un amor que va más allá de cualquier maldad que hayamos cometido. Sólo el amor puede triunfar sobre las distintas corrientes del mal destructivo que reside en la humanidad. Es este el comienzo de la nueva creación, el primer escalón en un nuevo caminar de la humanidad.

Lo hermosura de una persona inocente, de alguien en verdad libre de maldad, engaño o crimen, es asombrosa. Desafortunadamente se tiende a identificar inocencia con ignorancia y se dice que alguien es inocente cuando es fácilmente burlado y engañado. La verdadera inocencia ni es ignorancia ni es ingenuidad, más bien, es un estado de pureza de mente y corazón. "Bienaventurados los limpios de corazón" (Mateo 5: 8) podría traducirse fácilmente como "Bienaventurados los inocentes, aquellos que a nadie ofenden, que no acogen pensamientos malos contra sí mismos o contra los demás". Es claro que en el transcurso ordinario de la vida ofenderemos a otras personas y otras más nos ofenderán. Las ofensas bien pueden ser hechas con malicia, pueden ser no intencionales o sospechosas, pero de todas maneras, nos herirán y tal vez podrán destruirnos. Dada esta realidad, el ofrecimiento de una purificación completa, de una salud en lo íntimo del ser, es verdaderamente una buena noticia. Es la sanación más hermosa posible de un corazón herido.

Este hijo mío estaba muerto y ha vuelto a la vida

–Lucas 15:24

Una de las narraciones de Jesús que más ha inspirado a los artistas es el retorno del hijo pródigo y la acogida alegre por parte de su padre (Lucas 15:11–32). Creo que esto se debe a nuestros propios sentimientos de vergüenza e impotencia y tal vez también de fracaso; la narración refleja nuestro íntimo y profundo anhelo de que ser totalmente aceptados en el amor por aquellas personas que significan más para nosotros y, más que todo, aceptados en el amor de nuestro Dios. El corazón anhela la inocencia original que, al parecer, hemos perdido en alguna parte del camino de la vida y que pensamos es imposible recobrar.

El siguiente relato es muy conmovedor, Jesús nos sorprende una vez más con uno de sus cambios típicos y sorpresivos. Esta es la historia de dos hermanos, pero en el fondo es la historia de los dos lados de muchos de nosotros. En el más profundo sentido, en el padre misericordioso, vemos la historia de cada cristiano que ve en la mente y en el corazón de Cristo lo misericordioso, al igual que el Padre es misericordioso (Lucas 6:36).

Pienso que en el hijo pródigo hay un poco de cada uno de nosotros y, posiblemente, tenemos más aún del hermano mayor; desafortunadamente, en nosotros hay muy pocos rasgos de ese padre misericordioso. Igual que con el hermano mayor de este relato, nuestro disgusto con la misericordia de Dios hacia los pecadores reconocidos, frecuentemente es mucho más fuerte que el sentido de misericordia y alegría que experimentamos cuando regresan.

El hermano menor es el lado nuestro que vive en una profunda vergüenza, remordimiento y dolor por cosas que hemos hecho en la vida y que han ofendido a otras personas, especialmente a quienes más amamos, que nos han puesto en desgracia ante los ojos de quienes nos conocen. Si solamente pudiéramos borrar cosas que hemos hecho; si sólo pudiéramos evitarles el pasado. Deseamos ansiosamente la paz y la armonía que gozamos antes de que la ofensa hubiera roto y dañado nuestra relación. Las narraciones de Jesús, a pesar de su sencillez, son sumamente profundas. Lo que el hijo menor, la persona que se alejó de la bondad del hogar familiar, lo que más echó de menos no fue el lujo de su vida anterior, ni siquiera a sus antiguos amigos, sino el sabor de la cocina familiar y el ambiente de la mesa del comedor familiar (Lucas

15:17). ¿No es cierto que cuando estamos lejos, aun por una buena razón, lo que más extrañamos es el sabor de la comida familiar y el ambiente del hogar? De esta manera, como en la gran fiesta en la que abunda lo mejor de la comida casera, esta es la señal contundente de que aquel joven arrogante y pecador del pasado ha salido rehabilitado del todo, totalmente purificado, absolutamente integrado a la familia. En el centro mismo de nuestra aceptación del incondicional perdón de Dios está la alegre participación en la comida festiva de la familia de Dios, de esa familia que no excluye a nadie. (De este aspecto habrá más en el próximo capítulo; por el momento, sea suficiente puntualizar la relación entre el perdón que se acepta y la participación en la comida festiva).

Estoy seguro de que a ninguno nos sorprende que cuando escuchamos la lectura, sentimos tristeza por el hermano mayor y hasta llegamos a admirarnos del padre, puesto que fue demasiado blando con el más joven y demasiado duro con el mayor. He conocido historias de muchas familias que así han percibido la situación y han llegado al desastre. ¿Este relato no ridiculiza nuestros esfuerzos de vivir con rectitud y de desempeñar con fuerza nuestras obligaciones? De ninguna manera. Después de toda la lucha, trabajar para ser buenos y obrar correctamente, es una gran tarea, y los padres habrán de reconocer y recompensar estos esfuerzos y logros. El hermano mayor es el lado nuestro que llega a sentir orgullo de sus propios logros, es duro por nuestra rectitud e intolerancia con los errores y la debilidad de los demás. Aún más, es así como llegamos a centrarnos tanto en nuestros esfuerzos por hacer las cosas correctamente y por aparecer sumamente correcto ante los ojos de los demás, que llegamos a olvidarnos de nuestras propias faltas y errores. El orgullo y arrogancia de la rectitud frecuentemente forman una nube que escuece la bondad y la sinceridad. La confianza en sí mismos pasa por encima de la confianza en Dios. Aunque es una virtud el luchar por hacer las cosas rectas en la vida, la tragedia de esta "rectitud" es que con frecuencia llegamos a estar tan centrados en nuestros esfuerzos que fallamos en reconocer y en apreciar la gracia de Dios que obra en nosotros. Desafortunadamente, la propia rectitud muchas veces hace que nos alegremos más en la condenación de un pecador que en su rehabilitación. Muchas veces tengo el temor de que nuestro país, Estados Unidos, tiene mucho más esta mentalidad que aquella que lo asemejaría al corazón misericordioso de Dios.

El pecador que hay en nosotros está convencido que nuestro pecado es tan grande que ni siquiera Dios nos puede perdonar, en tanto que el perfecto que hay en nosotros ni siquiera se le ocurre que necesitamos el perdón de Dios.

Pero todavía hay más en esta narración de Jesús. Este padre de familia rompe todos los códigos de honor y vergüenza de su tiempo cuando corre a acoger al hijo que regresa. Imagina a un patriarca entrado en años que agarra sus ropas, con sus rodillas tal vez débiles, y a la carrera atraviesa la población para llegar a dar el saludo de bienvenida a su hijo que regresa. Puedes imaginar las risas de la gente cuando presencian este ridículo espectáculo. El vacilante hijo camina despacio hacia el hogar familiar, y en cambio el padre corre a encontrar al hijo. El padre hace de loco, para así absorber como el papel absorbente de la tinta Nahuatl, la locura del hijo. ¡En lugar de que la gente se divierta con el hijo arrogante que está regresando ahora fracasado y miserable, más bien se ríen de la locura del viejo y ni se dan cuenta del tonto que viene de regreso! Esta es la extensión del amor de Dios por nosotros. Dios aparece como el tonto para que así nuestra estupidez quede en el olvido. ¡Dios absorbe nuestra mancha para que así nosotros quedemos limpios!

El punto central de esta narración evangélica es mostrar el proceso de la salvación que trae Jesús. No es que el padre sea suave con uno y duro con el otro. Tampoco es que Dios premia al díscolo y castiga al bondadoso. Este sería un Dios pervertido. El punto de esta historia es precisamente la abundancia insospechada de la misericordia de Dios en el contexto de la miseria de nuestra fragilidad humana. La historia nos coloca precisamente en el contexto humano más ordinario. En el misterio de la creación, todos somos débiles y con el transcurso del tiempo se comenten errores. "Si decimos que no hemos pecado, hacemos pasar a Dios por mentiroso, y su palabra no habita en nosotros" (1 Juan 1:10).

Resulta asombroso descubrir cómo podemos vincularnos con alguien que ha cometido los mismos errores que nosotros hemos cometido; la noticia de su recuperación es una fuente de energía para quienes aun nos encontramos en lo profundo del pozo. Cierta vez me encontré con un joven que intentaba suicidarse. Intenté con él lo mejor de mis consejos y las mejores técnicas de mi oración y nada surtió efecto. Fue hasta cuando comencé a compartir con él mis propias debilidades y a contarle cómo, en una grave crisis personal tuve que recurrir a consejería para salir de la crisis, que ese joven comenzó a oírme por primera vez. Se fascinó con la idea de que yo también, que parecía tan seguro y firme de mí mismo, tuviera que tratar con problemas humanos. Desde ese momento comenzó a hacer preguntas sobre cómo se le podía ayudar. Seguimos en consejería y se recobró lindamente. Fue por medio de mi debilidad como le llegó la gracia de Dios. Con mucha frecuencia recuerdo las palabras de Pablo: "Otras tantas me ha dicho: 'te basta mi gracia, ya que la fuerza se pone de manifiesto en la debilidad'. Gustosamente, pues, seguiré enorgulleciéndome de mis debilidades, para que habite en mí la fuerza de Cristo" (2 Corintios 12:9). Me maravillo a veces de cómo aparecería nuestro currículo vital si no sólo escribiéramos nuestros éxitos, sino también nuestros errores, no sólo nuestras fortalezas, sino también nuestras mismas debilidades.

Es así como al reconocer nuestras debilidades, nos vinculamos con el resto de la humanidad. De verdad, en nuestra debilidad, el verdadero Dios que nos creó nos ama aún más; así es como convertimos nuestras faltas ya reconocidas y ya perdonadas, en células vivas de una nueva creación de amor y de generosidad. La debilidad no se convierte en fortaleza por medio de la disciplina y el deber, sino por medio de la experiencia de aceptar el amor sin condiciones. Este es el gran milagro de esta historia y de nuestras historias personales mientras vamos creciendo en la experiencia del amor de Dios.

No te digo siete veces, sino setenta veces siete

–Mateo 18:22

Los evangelios están llenos de acciones y enseñanzas acerca de Jesús en las cuales el perdón se encuentra como base de la nueva vida que Jesús nos ofrece. ¡Esto cambió radicalmente la forma popular de comprender el perdón, puesto que lo veían precisamente como un signo de debilidad y cobardía! Este revés fue aun mayor para las mentalidades que creían que sólo mediante la revancha o el castigo por parte del ofensor podía alcanzarse la paz. Así pues, el perdón está en el mismísimo corazón del arrepentimiento. Debemos arrepentirnos no sólo de lo que hemos hecho uno contra otro, o de los malos hábitos que hemos adquirido con el paso del tiempo, sino de nuestra propia manera de pensar y sentir, de tal forma que nos pongamos a nosotros mismos en la mente y el corazón de Dios, corazón que se expresa de una manera hermosísima en la parábola del hijo pródigo y el padre misericordioso. Debemos arrepentirnos de la mentalidad que exige venganza y restitución. Jesús nos revela cómo el perdón es la senda más segura y contundente hacia la salud mental, la paz, la libertad, la tranquilidad y el gozo comunitario.

Esto del perdón se encuentra definitivamente dentro de la tradición judía de Jesús, pero había que llenar muchas condiciones a fin de obtener el perdón. De muchas maneras el ofendido parecía ser el juez definitivo que debía decidir otorgar o negar el perdón. Esto podría conducir con facilidad a una forma de venganza y de castigo aparentemente correctos. Jesús va mucho más allá y coloca la raíz del perdón no en quien ha sido ofendido, sino en el mismo corazón de Dios, nuestro Padre misericordioso.

Debido a esto Jesús puede declarar a la persona atrapada en el mismo acto del pecado: "Tampoco yo te condeno. Puedes irte, pero no vuelvas a pecar" (Juan 8:11). Cuando le preguntaron con qué frecuencia tenemos que perdonar, contestó con una frase que significa hasta el infinito: "No te digo siete veces, sino setenta veces siete" (Mateo 18:22). Cuando le presentaron a un enfermo, lo curó al perdonarle sus pecados (Mateo 9:2–6). De igual manera, proclamó su enseñanza acerca de la justificación del pecador y de la condenación del justo (Lucas 18:9–14). Cuando la mujer pecadora le ungió los pies y los justos se escandalizaron, en la versión original de la New American Bible [Nueva Biblia Americana], Jesús declara: "Porque amó mucho, mucho se le perdonó" (Lucas 7:47). En la oración tan hermosa que Jesús nos da, oramos diciendo: "perdona nuestros pecados, así como nosotros perdonamos a los que nos ofenden" (Mateo 6: 9–13; Lucas 11:2–4). Mientras que estaba colgado de la cruz, en los momentos de agonía él mismo brindó el perdón a quienes lo condenaron: "Padre, perdónalos, porque no saben lo que hacen" (Lucas 23:34).

Precisamente la primera acción del Señor resucitado, cumpliendo precisamente con lo que la nueva vida ofrece, fue ir a donde sus amigos que lo habían abandonado para brindarles su perdón. Lo habían traicionado y él, en cambio, les ofrece la paz. Su amor para con ellos fue tan grande que aún cuando lo habían abandonado en el momento en que más los necesitaba, nunca dejó de amarlos. No fue a exigirles explicaciones ni disculpas, sino a ofrecerles "paz", que es una consecuencia del perdón. Todo sentido de culpa desapareció e irrumpió la alegría de la inocencia. Claro que su dolor no había desaparecido, por eso, les mostró sus heridas y aun pidió que las palparan. El perdonar no significa olvidar; si puedes olvidar, significa que no tienes ya nada qué perdonar. Ahora las heridas son precisamente el pórtico de entrada a una nueva vida. Jesús ya no regresó a su antigua vida, sino que inició una nueva vida y no solo para él sino para todos nosotros.

Se llenarán de alegría los ángeles de Dios por un pecador que se convierta –Lucas 15:10

"Tampoco yo te condeno. Puedes irte, pero no vuelvas a pecar" (Juan 8:11). ¡Estas son unas bellísimas palabras para aquel de nosotros que haya pecado o haya sido acusado de algo malo, sea justa o injustamente!

¿Alguno de nosotros puede olvidar el 11 de septiembre y sus consecuencias? ¿Los judíos pueden olvidar el Holocausto? ¿Pueden los japoneses olvidar lo de Hiroshima y Nagasaki? ¿Los prisioneros pueden olvidar los campos de concentración alemanes, japoneses, del Viet Cong? ¿Los nativos americanos pueden olvidar la invasión europea, la conquista, el genocidio y la dominación? ¿Los negros estadounidenses pueden olvidar la brutalidad de su esclavitud? ¿Pueden hijos e hijas olvidar los castigos horribles de un padre alcohólico? ¿Un estudiante puede olvidar las humillaciones de un maestro? ¿Un amigo puede olvidar la traición de su gran amigo?

Esta lista puede continuar sin fin. Los recuerdos mantienen vivos los dolores, y aunque trate de olvidar, es imposible. Entre más profunda la herida, más grandes son las influencias que controlan las consecuencias. Depresión, ansiedad, sentimientos de angustias mezclados con sentimientos de impotencia y de inferioridad llegan a convertirse en fuerza directiva en nuestra vida diaria, tanto es así que "No acabo de comprender mi conducta, pues no hago lo que quiero, sino que hago lo que aborrezco" (Romanos 7:15).

No sé si hay algo más horrible y destructivo que tener que vivir con la culpa y la vergüenza de haber cometido algo sucio y detestable. Y esto es especialmente cierto si has herido a alguien a quien amas mucho. Entre más grande es el amor, más grande es el dolor de herir a aquel que amamos. ¡Si sólo pudiéramos borrar la herida! Nuestro corazón está hambriento de la inocencia de nuestra infancia, cuando no éramos conscientes de haber cometido algo erróneo. Es cierto que en esta vida, mientras vamos creciendo en años también nos vamos haciendo más y más conscientes y más nos apenamos de los errores que han sido parte de nuestra vida; y de la vida de los demás. Tratamos de entender por qué hicimos lo que hicimos; acudimos a consejeros y a sicólogos para que nos ayuden a entender, pero ni siquiera al entender logramos superar nuestra sentido de culpabilidad ¿Existe alguna forma para recuperar la inocencia de la juventud?

Al reflexionar en esto me pregunto si hay algo más horrible y destructivo que vivir con el odio y el disgusto hacia quienes me han ofendido. En nuestra perversa manera de pensar, llegamos a sentir que la única manera en que podemos sanar es mediante el ejercicio de algún tipo de castigo: "¡Que las paguen!", porque la "venganza" no es políticamente correcta en nuestro vocabulario cristiano, así que disfrazamos nuestros sentimientos llamándola justicia. La venganza disfrazada de justicia aparece como la mejor manera de saldar cuentas con quien nos ha ofendido. De hecho, en esta mentalidad, el perdón no aparece como virtud, sino como debilidad. Solamente perdonas cuando no eres lo suficientemente fuerte para tomar venganza por tu propia mano. Por lo tanto, el ciclo del mal continúa escalando y como consecuencia uno nunca alcanza la paz interior o exterior.

Jesús vino a sanar las heridas de la humanidad al revertir el poder del mal que está presente en el mundo. No existe poder que haga más daño a una persona que ese espíritu de vergüenza y de culpabilidad, y lo que es aun peor, ese espíritu de venganza. No sólo destruye al enemigo, destruye sobre todo la paz y la tranquilidad del vengador. Mientras haya odio y culpabilidad en nuestro corazón, no podremos vivir en paz y armonía ni con nosotros mismos ni con los demás. Quienes odian se encuentran totalmente dominados y controlados por aquellos a quienes están odiando. Por lo tanto, no son muy libres para actuar, sólo para reaccionar, de esa manera el odio continúa envenenando gran parte de su vida. Sin embargo, aquellas personas que viven con culpabilidad no logran experimentar la paz interior hasta que han experimentado el perdón; asimismo, quienes viven atrapados por la vergüenza de sus acciones pasadas no pueden alcanzar la paz hasta que hayan experimentado la restauración de la inocencia. El perdón no significa que el dolor o las heridas se hayan ido; significa que uno renace por encima de ellas y alcanza un nuevo estado de vida, aun mejor, un estado de vida renovado y glorioso. El Señor resucitado tomó la iniciativa de ir donde sus amigos que lo habían abandonado en el momento que más los necesitaba, no para echarles en cara su abandono, sino para ofrecerles la paz. Les enseñó sus heridas y les pidió que las tocaran. Aun estaban ahí, pero ya no controlaban ni dominaban su vida.

Creer en Jesús es el comienzo de nuestro renacer a una nueva vida, es el inicio de nuestra experiencia de una nueva inocencia. Por medio de mi fe en él quedo libre de las trampas mortales ordinarias que conlleva la vida. Entre más tengo fe en Jesús, su propia vida llega a ser más mi propia vida: "Ya no vivo yo, sino que es Cristo quien vive en mí" (Gálatas 2:20). Es el Espíritu de Cristo vivo en nosotros quien destroza nuestras inclinaciones pecaminosas de revancha y venganza (Romanos 8). Es así que este Espíritu nos arranca nuestra vergüenza. Este es el Espíritu que nos otorga, no un estancamiento en lo mismo, sino un completo renacer a una nueva vida. Y es esta nueva vida la que nos da el poder de ir más allá de nuestras inclinaciones ordinarias, de volver a nuestros antiguos valores y de vivir y actuar al estilo de Jesús.

Uno de los cambios más fascinantes y liberadores que fueron iniciados y practicados por Jesús fue precisamente el del perdón. Solamente al perdonarnos a nosotros mismos y a los demás, podremos lograr la sanación de nuestro corazón y la liberación de nuestro espíritu para lanzarnos hacia nuevas realidades. Para Jesús y para sus seguidores, perdonar no es un signo de debilidad al contrario, es la señal inefable de la vida nueva que han recibido. El perdón es el amor que va más allá de la justicia y la misericordia divina que trasciende la justicia. El perdón no es una consecuencia de la justicia, sino el flujo de la misericordia divina que fluye sobre nosotros y que ahora vive entre nosotros. Si Dios perdona, ¿quién soy yo, pecador, para condenar a los demás? La señal segura de que he aceptado el perdón de Dios es que yo perdono a los demás, y sólo perdonando a los demás podré ser perdonado.

El perdón no es la palabra final sino inicial de una nueva aventura, de un nuevo compañerismo con el Dios misericordioso y por medio de él, con toda la comunidad de hermanos y hermanas que perdonan. La aceptación y ofrecimiento de nuestro perdón, constituyen el comienzo de una hermandad nueva de amor y cuidado por los demás, amor que se expresa, realiza y alimenta sobremanera al compartir gozosamente la mesa de la hermandad. Es mediante el perdón ofrecido y recibido que recobramos la inocencia para gozar de la verdadera libertad de los hijos e hijas de Dios. Es mediante el perdón que la animosidad se transforma en hermandad, la división en cooperación y el odio en amor. ¡Esta es la única manera de alcanzar una paz verdadera y duradera entre las personas y las naciones!

> *Dichosos los que construyen la paz, porque Dios los llamará sus hijos.*
>
> –Mateo 5:9

CAPÍTULO 8

Fiestas escandalosas

¿Por qué comen con recaudadores de impuestos y pecadores? –Lucas 5:30

Jesús no sólo habló acerca del reino universal de Dios; lo vivió lo más extraordinariamente posible y en la forma más ordinaria: al gozar de la mesa de la hermandad con todo tipo de personas. Todo el mundo era visto como valioso y era bienvenido en su presencia. Jesús escandalizó a muchos al no escandalizarse de nadie.

Aún conservo muy vivos recuerdos de una ocasión mientras era rector de la Catedral de San Fernando, en el centro de la ciudad de San Antonio. Fue precisamente cuando comenzó a propagarse la epidemia del SIDA cuando caí en la cuenta de que existía mucha prostitución en esta área del centro de la ciudad. Personas que vendían sus cuerpos eran parte de mi feligresía e hice el esfuerzo de ejercer mi ministerio con estas personas en la mejor forma que pude. En el seminario no me habían preparado para esta situación, pero el ejemplo de Jesús, que comparte su mesa, me señaló el camino. Fue sencillo y directo: ser amigo de estas personas y compartirles mi mesa de hermandad. Muchas de estas personas a quienes llegué a conocer llevaban llagas muy profundas causadas por el abuso, el abandono y la traición. Eran bellas personas que habían experimentado sufrimientos desafortunados a lo largo de su vida. Fue al comenzar a servirles como pastor a estas personas cuando descubrí por qué Jesús les otorgó a estas personas un lugar especial en su corazón. Cada una ha tenido una increíble historia de dolor, rechazo, abuso, alienación, abandono y sufrimiento. Muchas veces me les acerqué como amigo y me confiaron sus historias. Es tan fácil condenar cuando uno desconoce los hechos; resulta muy fácil moralizar cuando no hemos andado su propio camino.

Una mañana de frío invierno, después de la misa de 6:00 A.M., invité a un par de jóvenes de la calle que habían deambulado las calles toda la noche en ejercicio de su profesión a compartir el desayuno en un restaurante muy conocido. Muy poco después de que nos habíamos sentado, el administrador del restaurante me llamó aparte y me dijo: "Padre, ¿usted sabe qué clase de gentecita es la que está con usted?". Me permití recordarle las críticas hechas contra Jesús: "¿Por qué comen con recaudadores de impuestos y pecadores? (Lucas 5:30)".

¿A quién invitas a disfrutar una comida contigo? Y ¿qué invitaciones a comer quisieras aceptar? Una comida deliciosa puede llegar a ser insípida cuando estás en compañía de gente desagradable y aún te puedes enfermar si la compañía es detestable. Y un sencillo plato de frijoles puede convertirse en la comida más sabrosa del mundo estando en compañía de gente con la que gozas. El arzobispo emérito de San Antonio, Patricio Flores, llegó a decir: "¡Lo importante no es lo que está sobre la mesa, sino los que están alrededor de la mesa!". Un banquete con gente equivocada puede parecer que dura una eternidad, en tanto que una fiesta compartida con gente linda y agradable se nos pasa en un instante.

Una comida bien celebrada es al mismo tiempo lo más bello y la señal más hermosa de una realidad social. ¿Quién recibe invitación y a quién se le niega la entrada? ¿Quién se sienta a la mesa y quién es el que sirve? ¿Quién se siente bienvenido y quién siente que está fuera de lugar, ya sea por su manera de vestir, por su grupo étnico, por su clase social o por muchas otras razones? Recuerdo ahora que hace algún tiempo escuché a un predicador afroamericano que describía al cielo como un banquete festivo en el cual todos y cada uno gozaban sentados a la mesa y no había criados que hicieran de sirvientes. Un banquete donde no había diferencias porque cada uno era igual y pasaba el tiempo con gran alegría. No es de admirarse que la alegre mesa de amigos de Jesús era un anticipo a la plenitud de vida en el cielo.

Si Jesús estuviera por aquí en estos días, gozando la mesa en compañía de la gente con la que le alegraba compartir, estoy seguro de que la gente habría comentado de él: "pobre inocente, no sabe con qué tipo de gente se está juntando". Sí, esta forma de sentarse a la mesa y con esta compañía fue una de las actividades más comunes que Jesús realizó durante los inicios de su ministerio y fue algo que sus seguidores recordaron con tanto cariño que lo continuaron viviendo como una característica común de su nueva existencia.

Vendrán muchos de oriente y occidente ... a sentarse a la mesa del Reino de Dios –Lucas 13:29

En medio de todas las guerras, ¿no sería maravilloso crear un espacio en donde se pudiera trabajar, vivir y celebrar juntos como seres humanos? La unidad de la humanidad no comienza con ideologías sino con la experiencia de estar juntos, es decir, una experiencia que trasciende todos los tabúes de la segregación. Esto lo aprendí desde que era muy niño.

En la tienda de abarrotes y alimentos que tenía mi papá en el barrio mexicano de San Antonio, Texas, toda la gente decía que los vegetales más grandes, los frutos más sabrosos, las carnes más tiernas y los mejores pollos y pavos venían del rancho y de la granja de mi papá y debido a todas estas maravillas se le conocía como *La Maravilla*. Gracias a esta fama se podía tener la impresión de que *La Maravilla* era una propiedad inmensa de tierras con los pastizales más finos y los campos más fértiles.

Realmente era un pedazo de tierra de dos hectáreas en las orillas de San Antonio, a las orillas del Río Medina, con no más que unas cuántas liebres, ardillas, culebras que serpenteaban entre los arbustos, mezquites y otras plantas silvestres. Lo que elevó el mito tan popular acerca de *La Maravilla* no fueron las cosas físicas que producía, sino el maravilloso ambiente familiar que allí se experimentaba.

Cada domingo mi papá tomaba una cantidad de chorizos, carnes y pollo para hacer una buena parrillada. Había una buena cantidad de ensaladas, frijoles, elotes, limonada y cerveza para todos los que quisieran acercarse. Mis amigos de la escuela, de todos los grupos étnicos, religiosos y de cualquier ambiente social podrían acercarse con la facilidad con que se acercaban los vecinos y los profesionales que era amigos de mi papá. Sin la menor preocupación acerca de los antecedentes o identidad de nadie, la conversación entre amigos iba con facilidad de los asuntos mundiales a los chismes del barrio y a los chistes que alguien contaba o a cualquier otro asunto. Ningún tema estaba fuera de lugar, nadie se sentía fuera de sitio. Quien llegara era bienvenido, y siempre había abundancia de comida y bebida para todos. En *La Maravilla* todos éramos amigos que cuidábamos unos de otros. Esa fue la comunidad de *La Maravilla,* cuyas maravillas llegaron a ser conocidas como un paraíso lleno de las mejores cosas de la tierra. En realidad sólo contaba con lo mejor: una comunidad de amigos donde todos los que se acercaban se daban cuenta de que eran recibidos y aceptados incondicionalmente; un lugar donde los extraños se convertían en amigos y los amigos se regocijaban en la compañía recíproca.

Mi papá murió hace más de treinta años, y para quienes lo recuerdan el mito de *La Maravilla* continúa creciendo y está vivo en su vida. Supongo que fue allí donde por primera vez experimenté la fuerza creativa y la alegría vivificante de una mesa de amistad. Las fiestas semanales en *La Maravilla* no parecían algo religioso, de la misma manera que las reuniones festivas de la mesa de Jesús tampoco parecían una celebración religiosa. En una reflexión posterior, al reflexionar en el camino de Jesús, caigo en la cuenta de que estaba tomando parte en el más puro de todos los rituales religiosos: la alegría de la mesa de la hermandad que nos incluía a todos y que a la vez era un anticipo del banquete celestial eterno al final de los tiempos.

Al contemplar el camino de Jesús, constato más y más que lo que hacía tan especial a *La Maravilla* era lo íntimo del espacio sagrado: un espacio donde todos eran bienvenidos y radicalmente aceptados, no por sus títulos o su grupo étnico, sino simple y sencillamente porque eran personas, ¡porque eran seres humanos! Esta es la gran maravilla cuando irrumpe el Reino de los cielos como un anticipo de la fiesta celestial al final de los tiempos.

Fue el primer signo [convertir el agua en vino] realizado por Jesús –Juan 2:11

El primero de los muchos milagros que Jesús realizó fue en Caná de Galilea durante la celebración de una boda. Jesús realizó muchos otros milagros, pero me atrevo a pensar que el que tuvo más significado en relación con la nueva vida que estaba viviendo él y estaba ofreciendo a los demás fue convertir el agua en vino y esto en una celebración del matrimonio.

Las fiestas de bodas en aquellos tiempos se parecían mucho a las fiestas familiares de bodas en nuestros pueblos pequeños. Había abundancia de alimentos, bebidas, conversaciones, música y baile para todos. Sin mirar si eran jóvenes o viejos, ricos o pobres, todos juntos gozaban de lo lindo. Jesús quería que continuara ese momento en el que todos estaban muy contentos. Después de todo, Jesús había venido para proclamar la buena noticia del Reino de Dios, y ¡qué ocasión tan más buena para comenzar! Vino para unir a la gente, y así, estando juntos, podrían experimentar el gozo de estar juntos. Sin duda alguna, ésta era una gran maravilla en medio de un mundo tan segregado y dividido.

Jesús bien hubiera podido disculparse: "Tengo cosas más importantes por hacer... tengo que preocuparme por asuntos más urgentes. Existen una gran cantidad de pobres en medio de la gente; más bien vamos a darles alimentos. Hay una inmensa cantidad de gente enferma por aquí, así que hay que sanarlos". Pero no, el mismo Jesús estaba muy contento y veía cómo todos los ahí presentes se la estaban pasando muy bien y, por la misma razón, quería que la fiesta continuara. Claro, las sanaciones tendrían lugar, los pobres serían atendidos en la mejor forma y los humillados serían enaltecidos; María ya lo había pronosticado así (Lucas 1:51–53). No obstante, la sanación más admirable sería la reunificación de la humanidad en una sola familia de amor. La buena noticia de Jesús no era un fin apocalíptico sino un comienzo lleno de gozo. Este milagro maravilloso de Jesús no fue sólo la primera señal realizada por él, sino que también fue la señal más significativa puesto que marcó el comienzo y fijó el tono para la humanidad nueva alternativa que Jesús estaba inaugurando: el gozo festivo de la unidad. Esta fue la gran ocasión para inaugurar los nuevos tiempos mesiánicos.

Jesús no sólo proclamó la nueva alternativa del Reino de Dios, sino que él mismo vivió esta alternativa en la forma más ordinaria y sorprendente. A lo largo de todo su ministerio público, Jesús escandalizaría a los justos y a los santos de su tiempo, mientras que inspiraría a los pobres y humillados con su mesa gozosa de la hermandad, compartida con los pecadores públicos tan criticados en su tiempo. "Después, mientras Jesús estaba sentado a la mesa en casa de Mateo, muchos recaudadores de impuestos y pecadores vinieron y se sentaron con él y sus discípulos" (Mateo 9:10).

Una mesa alegre de amigos con gente de toda clase fue uno de los aspectos comunes en la vida y ministerio de Jesús, y sin duda fue esto lo que causó el peor furor. ¡Juan Bautista con sus discípulos, lo mismo que los fariseos y otros grupos de santidad ayunaban, en tanto que Jesús y sus seguidores banqueteaban! Uno era el camino de la penitencia; el otro era el camino de la fiesta. "Entonces ellos dijeron a Jesús: los discípulos de Juan ayunan con frecuencia y hacen oraciones, y del mismo modo los discípulos de los fariseos; en cambio tus discípulos comen y beben" (Lucas 5:33). Con frecuencia me pregunto cuántos de nuestros servicios en muchas Iglesias cristianas son un reflejo de esta meza gozosa que Jesús compartía con sus amigos.

Hay una ironía en esta comunidad inclusiva iniciada por Jesús. Era un escándalo y un peligro para quienes habían poseído el monopolio del estatuto social y la membresía, para los guardianes del *status quo*. Sus reglamentos y sus costumbres han quedado sin autoridad y su fuerza y eficacia han quedado sin valor. Ahora todos son invitados. Pero no todos vendrán. Muchos quedarán fuera, no porque no hayan sido invitados sino precisamente porque ahora todos son invitados. Todos aquellos que habían gozado de invitaciones privilegiadas para los lugares de poder, prestigio y honor no querrán mezclarse con el roce de hombros de gente insignificante y desvalida de la sociedad. Es muy cierto que también estos poderosos son invitados, como consta en la parábola del gran banquete nupcial de Lucas 14:15–24. No obstante, ofrecen excusas necias para no aceptar la invitación. Esta es la ironía: ¡Jesús rechaza la exclusión, algunos rechazan la invitación y se excluyen a sí mismos!

¿Por qué una actividad de Jesús que parecía tan superficial tuvo tanto significado para sus seguidores, al punto que la continuaron observando durante mucho tiempo, aun antes de elaborarse una teología acerca de la Eucaristía? y al mismo tiempo, ¿por qué seguía siendo tan ofensiva para los críticos de Jesús que acabaron por ponerle en el camino de la cruz? ¿Por qué esto fue tan fundamental para la nueva creación que Jesús estaba inaugurando?

Hasta este tiempo la humanidad ha desarrollado el criterio de "dividir para conquistar" y la división se encuentra por doquier. Las sociedades han tenido toda clase de categorías para lograr excluir a las personas indeseadas, y tienen toda clase de maneras para marcar a la gente con el sello de intocables e indeseables. A los indeseables se les arroja de muy diversas maneras. Basta que seamos testigos cómo en los Estados Unidos de América se arroja al inmigrante pobre de donde no lo queremos; no obstante, le permitimos participar en trabajos que nadie más desea. Así pues, los hacen, y luego los expulsamos. Aún hoy vivimos en un mundo de exclusión en donde se le niega a millones de seres humanos su dignidad básica y valor infinito. Dado que los poderosos categorizan a los indefensos, al pobre, al débil y al indeseado, nosotros negamos a estos su derecho fundamental a la inclusión y a la pertenencia a una sociedad. A veces se les deja entrar, pero se les excluye de las actividades que son privilegio del grupo dominante, muy en especial a las fiestas de celebraciones y bodas. Lo peor de este caso es que la segregación y exclusión se hacen en nombre de una rectitud religiosa, ¡en nombre de Dios!

Y como si no fuera poco que en Jesús de Nazaret Dios se hiciera el marginado en un mundo de pecado, este marginado ahora sacude y escandaliza a muchas personas respetables de su tiempo; lo hace porque come y bebe con todos sin excepción, en especial con personas excluidas. Todavía hay mucho más. La gente de su tiempo estaba convencida de que el Reino de Dios tan esperado y anticipado no nacería mientras hubiera "pecadores públicos" en medio de ellos. Era precisamente debido a la existencia de los proscritos impuros y de los pecadores públicos que el Reino de Dios no había podido llegar. Ahora, en el mismo nombre de Dios, que es Padre de todos, los proscritos y los rechazados eran no sólo invitados a ese banquete, sino que su inclusión fue proclamada como una señal de que el Reino de Dios había llegado: "Por eso les digo que vendrán muchos de oriente y occidente y se sentarán con Abrahán, Isaac y Jacob en el reino de los cielos" (Mateo 8:11). La alegre mesa de amigos y amigas de Jesús, que tanta angustia le causaba a su propia gente, era, de hecho, una degustación anticipada de la nueva universalidad que Jesús venía a inaugurar.

El que Jesús haya iniciado su ministerio público en el Banquete de Boda de Caná es precisamente el inicio de ese nuevo espacio de participación universal. Dicha actividad será lo más característico de la vida terrena de Jesús y de la vida de la primera comunidad cristiana: ¡El gozo de una mesa de amigos, el gozo que arde en el corazón de todos al sentirse bienvenidos! El milagro moldea la continuación de la misma fiesta –con el agua transformada en vino delicioso– como una parábola muy fuerte acerca de la naturaleza del Reino de Dios que Jesús ha venido a inaugurar. Esto marca toda la actividad de Jesús que culminará en la Última Cena, cuando el vino se convierte en la bebida de la vida eterna. Este hecho fue una forma magnífica de comenzar y un signo muy significativo de los acontecimientos que están por venir.

Hoy, para muchos de nosotros, la conversión del agua amarga en el mejor de los vinos no sólo fue el primero de muchos milagros, sino un símbolo de la conversión de lo amargo de la segregación y la exclusión en la dulzura de la unidad y la inclusión. Es el inicio de un nuevo mundo alternativo, distinto a los imperios del mundo que han construido y siguen construyendo imperios de exclusión, segregación y explotación del débil e indefenso, con placeres artificiales que, lejos de producir una alegría interna y duradera, se convierten en espacios vacíos, llenos de adiciones continuas, de soledad y de alienación. No es de admirar que en los imperios de este mundo haya una necesidad tan grande de psicoanálisis, tranquilizantes, píldoras para dormir y muchas cosas semejantes. Los imperios de este mundo, con toda su riqueza y tecnología, son incapaces de proporcionar lo que sólo Dios puede dar: la plenitud de la vida, con la condición única de escuchar siempre las palabras que María pronunciara en aquella ocasión: "Hagan lo que él les diga" (Juan 2:5).

Tampoco nos debe admirar que el milagro que permitió que la fiesta continuara haya sido el primero de los muchos que Jesús seguiría realizando. Y eso que Jesús haría otras acciones muy sorprendentes. Sin embargo, lo que me resulta más fascinante, y que posiblemente lo condujo más rápido a la cruz, fueron sus ganas y su capacidad de pasarse un muy buen rato con grupos de todo tipo, sin hacer distinción alguna entre ellos. Esto fue muy significativo para sus seguidores y enfureció mucho a sus críticos. Lo que escandalizaba a muchos era que Jesús no se escandalizaba de nadie. "Los fariseos y sus maestros de la ley murmuraban contra los discípulos de Jesús y e decían: ¿Por qué comen y beben con recaudadores de impuestos y pecadores?" (Lucas 5:30).

Esto es mi cuerpo, que se entrega por ustedes

–Lucas 22:19

La tradición cristiana siempre ha celebrado la íntima conexión entre la última mesa de los amigos de Jesús y su sacrificio en la cruz. Por fuerte y contundente que sea el sacrificio en la cruz, no podemos separarlo del estilo de vida seguido por Jesús, sacrificarse a sí mismo durante toda su vida, en especial, sacrificar su reputación por consideración a las demás personas. En su práctica ordinaria de una mesa de amigos donde se admite a todos, Jesús se nos entrega a sí mismo en la forma más íntima posible. En la proximidad de estar comiendo juntos en la mesa común, su cuerpo está en contacto con el cuerpo de los demás. Las barreras de contaminación y separación desaparecen al irse gestando esa nueva familia con un nuevo espíritu. La sangre y la situación social no tienen nada que ver aquí, porque una nueva sangre correría ahora por las venas de la nueva comunidad de hermanas y hermanos. No obstante, Jesús habrá de pagar un precio muy alto a fin de alcanzarlo.

La preparación para su sacrificio final estuvo en su deseo de sacrificar su estatus social, su reputación y aún más, su propia credibilidad al hacerse amigo de los pecadores públicos y marginados de este mundo. Decimos en español: "Dime con quién andas y te diré quién eres". Y es que Jesús no sólo se hizo amigo de ellos, peor aún, gozaba comiendo y bebiendo con ellos. Jamás se avergonzó de que lo vieran en hermandad con alguna persona, indistintamente de su estatus o reputación social. Jesús era una persona totalmente libre que no dejaría de hacer la voluntad de Dios debido a la opinión pública o a las costumbres inmorales, que se habían convertido en algo socialmente aceptable, hasta el punto en que estas se practicaban y defendían en nombre de Dios.

La mesa de la hermandad fue realmente el comienzo festivo, el cuerpo y el alma en la experiencia del Reino de Dios, un espacio festivo en el que todos eran bienvenidos y eran tratados como iguales, sin tomar en cuenta lo que los demás (sociedad o religión) decían que eras. Quienes tomaron vino y comieron con Jesús experimentaron la alegría de ser y sentirse bienvenidos, de saberse apreciados sin límites de ninguna condición; y estos fueron, sin duda, aún antes de la cruz y la resurrección, los primeros brotes y capullos de la primavera de esta nueva humanidad, una humanidad tal como nunca antes el mundo la había conocido. Bien lo hace notar el biblista Norman Perrin: "La 'mesa de los amigos del reino', como solemos decir, fue el rasgo distintivo de la vida común de Jesús y sus discípulos reunidos, y un símbolo de la nueva clase de relaciones que fueron posibles al aceptar juntos este desafío. Escriba, cobrador de impuestos, pescador y zelote se sientan juntos alrededor de la mesa y allí y así celebran el gozo de esa experiencia presente, anticipando la consumación en el futuro" (Perrin, 1976, 107).

El milagro más grande de Jesús, aquel que no es visto como un milagro, el milagro que los primeros cristianos recuerdan con más ternura y cariño tanto que lo siguen practicando cada día, fue la alegría de participar en la mesa de amigos que radicalmente incluye a todos. En su compañía, los extranjeros se convierten en amigos y los forasteros pasan a ser familia de la misma sangre. A Jesús le gustaba pasar y gozar un buen rato con sus amigos cercanos y con toda clase de personas que se le presentaban. Esto no fue algo que sucediera una sola vez. De hecho, fue una constante tan común y ordinaria durante toda la vida terrenal que los primeros cristianos, con el deseo de seguir los pasos de Jesús, también hicieron de esto la característica más notoria en su nueva vida. Esto fue lo que atrajo a muchas personas a este nuevo grupo. Y esto no fue una simple nueva enseñanza acerca de Dios, sino algo más, fue la experiencia nueva de un Dios que nos hace uno a todos y junta a toda la gente en una forma de alegría y de amor.

Jesús llevó a término su ministerio terrenal de la misma manera que lo había comenzado: una comida festiva con sus amigos. Lo que se ha conocido como la Última Cena fue exactamente eso, lo último era idéntico a lo más común en la vida de Jesús. En esta Última Cena festiva, Jesús ofrece la conexión entre el sacrificio inicial de su vida en bien de la inclusión de los demás y el sacrificio final que le piden aquellos que se opusieron a la abolición radical de la segregación, que Jesús exigió en nombre del Dios que es Padre de todos. Y aunque se deshicieron de él en la cruz, no lograron frenar la nueva práctica de las comidas festivas en las que había lugar para todos y que, bajo esa práctica, elevaron el nivel social de relaciones y ampliaron la preocupación de cuidar el bienestar de los demás.

Después de la resurrección, Jesús instruyó a sus discípulos que fueran a Galilea y que allí lo verían. Así lo hicieron, y en una madrugada después de una noche de pesca sin lograr nada, Jesús se les apareció y les indicó que arrojaran la red al otro lado, un poco al estilo Caná, pronunciando frases que, humanamente hablando, no tienen sentido. Pero le hicieron caso y fue enorme la cantidad de peces que atraparon, tan grande que las redes estuvieron a punto de romperse. Y mientras esto sucedía, Jesús estaba en la orilla del lago preparándoles el desayuno, un asado temprano para sus amigos. En el contexto de esta comida sencilla, pero festiva, con sus seguidores, Jesús pregunta a Pedro: "¿Me amas?" (Juan 21:15). No le preguntó a Pedro: ¿Ahora sí estás entendiendo lo que te he enseñado?" o "¿Ahora sí vas a ser lo suficientemente valiente para no negarme otra vez?" o "¿Crees que tienes las cualidades necesarias para guiar a mis seguidores?". Jesús le hace esa pregunta sencilla en el contexto de la mesa de la hermandad, "¿Me amas?". Pedro le responde afirmativamente y es comisionado para dirigir el rebaño.

Pues bien, no es por medio del poder autoritario como debemos ejercer el liderazgo, sino con un servicio lleno de amor, con espacios creados en medio del imperio en los cuales todos se sienten bienvenidos, reconocidos, aceptados y valorados. A ejemplo de Jesús, debemos escandalizar a quienes defienden un dominio que excluye a los demás por distintas razones de tipo práctico. Pero nosotros, que seguimos los pasos del Maestro, continuaremos descubriendo nuevos caminos para construir un mundo alternativo dentro del cual nadie será excluido y continuaremos iniciándolo en el mismo lugar que Jesús lo inició: en las comidas festivas en las que todo el mundo está invitado.

Jesús realizó muchos hechos milagrosos y pronunció fascinantes palabras durante toda su vida. Pero nada fue más maravilloso que su práctica ordinaria de pasar un buen rato con toda la gente, especialmente en los momentos más íntimos de la vida: alrededor de una mesa de amigos.

Vengan a mí todos los que estén fatigados y agobiados, y yo los aliviaré –Mateo 11:28

A lo largo de mi vida como maestro, he aprendido muchísimo de mis estudiantes hispanos en la universidad. Una de lasa cosas fascinantes que me han enseñado es que la principal razón por la que van a la iglesia es porque allí "la pasan bien" y se encuentran nuevos amigos. Muchos de estos estudiantes provienen de áreas pobres y no se sienten cómodos en cualquier parte; no obstante, en las inmediaciones parroquiales se sienten bienvenidos y aceptados. Allí se les reconoce y reafirma su dignidad. No deben explicar quiénes son sino que, simplemente están ahí y se saben y sienten bienvenidos. No les gusta sólo "ir a la iglesia" (es decir, ir a misa); les gusta ir y pasarla bien, pasar un momento agradable.

En realidad, esto me aclara que a las muchedumbres les gustaba pasar un buen rato con Jesús, inclusive se les olvidaba a dónde ir a comer. Ese espacio sagrado que Jesús sabía crear no era sólo otra experiencia mundana, en definitiva, era algo que trascendía lo humano. Ese fenómeno ordinario de excluir a la gente y despreciarla es algo que no existe (o no debe existir) en los predios de la Iglesia. Aquí no puede haber eso de "ilegales", excluidos o intocables, porque absolutamente todos son bienvenidos a la casa del Señor.

El templo no es importante sólo por la liturgia que celebramos sino porque es un "espacio sagrado" al que puede acudir toda clase de gente para estar junta y unida. Ahí se hacen amigos y palpan una nueva vida. No hay el menor temor de ser rechazados en el espacio creado por Jesús. Este espacio asegura que todas las personas pueden reunirse en un mismo nivel, sean bancarios, porteros de edificios, gente sin hogar, dueños de mansiones, médicos o desempleados. Nunca sabe uno con quién se va a reunir en la iglesia y va a comenzar una amistad que a lo mejor nos cambiará la vida para bien. Este espacio de convivencia hace (o debe hacer) de nuestras iglesias una experiencia del Reino de Dios, una degustación anticipada que vendrá al final de los tiempos. En la Catedral de San Fernando en San Antonio, hicimos el esfuerzo de crear este espacio sagrado donde todos, sin excepción, se pudieran sentir igualmente bienvenidos: millonarios y personas de la calle, ciudadanos o indocumentados, católicos o no católicos. Dan Groody hizo justamente esto en la Gran Estación Central de Nueva York cuando en forma sencilla, pero muy significativa, creó un espacio sagrado al reconocer, valorar y compartir una sencilla taza de café con la mujer que había sido ignorada por los miles de personas que habían pasado cerca de ella.

Hoy, esta invitación de Jesús a quienes están cansados y agobiados, es la invitación más importante para los cristianos de los

Estados Unidos. Estamos llamados a dar la bienvenida a los pobres de este mundo, quienes están cansados de su miseria y agobiados por la difícil condición vivida en sus países de origen. Nos resulta muy bonito y emocionante enviar misioneros a países extranjeros; no obstante, con frecuencia nos resulta muy difícil aceptar y dar la bienvenida a emigrantes cuando éstos se presentan en nuestras comunidades, especialmente cuando son pobres. Y esto es precisamente de lo que trata el cristianismo: que el pobre, el indeseado y el rechazado sea y se sienta bienvenido dentro de la comunidad del Dios del amor. El primer mandamiento misionero de Jesús es "Vengan a mí" (Mateo 11:28). Y sólo entonces, cuando hemos llegado a ser una comunidad de bienvenida, estamos listos para el segundo mandamiento misionero: "Vayan a todas las naciones" (Mateo 28:19).

Esta compañía festiva y alegre de Jesús, continuada en la comunidad cristiana, es el comienzo, el sabor anticipado y la señal del Reino de Dios en su plenitud. Ahora bien, esto es muy lindo, pero, debido a que los poderes diabólicos siguen activos dentro de nosotros mismos y rondan a nuestro alrededor, sólo continuará surgiendo entre nosotros si estamos dispuestos a un gran sacrificio. Y no se trata de ofrecer un sacrificio externo, sino el sacrificio de uno mismo, de quienes hemos experimentado el amor de Dios en Cristo y que queremos, como Jesús, sacrificar nuestro estado social, la reputación, la seguridad y aun la vida misma por el bien de los demás. ¡Que viva la fiesta!

CAPÍTULO 9

La belleza del sacrificio

Si tienes fe, verás la gloria de Dios –Juan 11:40

El testimonio de artistas, poetas, músicos y la mayoría de nuestros ancestros es muy dramático en cuanto a la manera como ven y retratan la gloria de Dios, aun en medio de acontecimientos difíciles, crueles y sangrientos.

Una de las expresiones más notorias y extendidas del cristianismo mestizo en América Latina es la presencia de los *Nazarenos* en las iglesias, santuarios públicos y en los hogares. Imágenes muy realistas de Jesús flagelado, sangrante y coronado de espinas se encuentran por doquier, además, los artistas las siguen reproduciendo y los cantantes las continúan proclamando. Entre los prisioneros, esta es la imagen favorita, como diciendo: "Está en la cárcel, como nosotros". Esta imagen es también la favorita para las masas inmensas de pobres que ven en un Dios que sufre y sangra, al Dios que no los ha abandonado en su sufrimiento. De ninguna manera es la glorificación del sufrimiento, al contrario, es reconocer que aun en el peor de los sufrimientos este Dios está con nosotros. Aun cuando nos convertimos en escándalo para los demás, Dios también se hace escándalo con nosotros y no nos deja solos ni nos sentimos solos.

Asimismo, los crucifijos que cuelgan en los hogares y en los santuarios son igualmente realistas, tanto así que para algunos puedan resultar un verdadero choque emocional. Muchas personas, especialmente entre las clases ricas y poderosas, preferirían ver en la cruz un cuerpo bello, de un modelo perfecto y no un ser humano al que la crueldad de otros ha desfigurado. ¿Cómo es posible que ese tal sea el salvador de la humanidad?

En ninguna otra parte tiene la tradición cristiana de Jesús que sufre y se ofrece en sacrificio a sí mismo una combinación y armonía tan bella con la antigua tradición mexicana de Quetzalcoatl, que sufre y se ofrece a sí mismo en sacrificio, expresado en la sabiduría popular mediante el arte, las canciones, devociones, dichos y ritos. Por medio de Jesús, lo mejor y lo más puro de la antigua sabiduría mexicana emerge gloriosamente del pasado. E igualmente, por medio de la antigua sabiduría de nuestros antepasados, la gente fue capaz hacer propio el significado más profundo y bello del sufrimiento y el sacrificio redentor de Jesús –esa vida vivida integralmente por el bien de los demás, hasta el punto de dar la propia vida para que los demás puedan vivir–.

Y es así como la hermosa sabiduría de nuestros antepasados mexicanos fue acoplada con la cosmovisión de sucesivas generaciones que creían en la obligación de alimentar al sol con el líquido más precioso de todos los líquidos, la sangre humana, para que así el sol no se extinguiese y la humanidad pudiera continuar viva en su existencia. Jesús redimió las religiones mexicanas nativas de su necesidad de practicar sacrificios humanos para el bien de la supervivencia cósmica mientras que, al mismo tiempo, iluminó y dio profundidad a ese sentido del valor del propio sacrificio por el bien de los demás. Ese sentir de los pueblos antiguos del valor salvador y de la belleza del sacrificio, del valor del cuerpo y la sangre que se dan para el bien del mundo, continúa ofreciendo al cristianismo universal, un recuerdo real y una presencia de la realidad completa de la crucifixión de Jesús para nuestra salvación.

La semejanza entre las razones del sacrificio de los antiguos mexicanos y el sacrificio de Jesús está en que ambos son ofrecidos por la salvación de la humanidad. De otra manera, serían totalmente diferentes. Para los antiguos mexicanos, el sol, fuente de toda la naturaleza, necesitaba ser alimentado con esa fuente mística de vida que se halla dentro de los seres humanos: la sangre y el corazón palpitante. Los mexicanos sacrificaban seres humanos para que la tierra y la humanidad sobrevivieran. Para Jesús, era el pecado de la humanidad la que destruía a la tierra y a la humanidad misma. Debido a las acciones pecadoras de la humanidad, toda la naturaleza había sido contaminada y necesitaba redención. La naturaleza no necesita alimentarse con el sacrificio físico de corazones humanos, sino que son los corazones llenos de amor los que la creación necesita para re-crearse. No será mediante el sacrificio humano de alguien más, sino mediante una nueva fuerza, la del amor incondicional a los demás, inclusive al costo de la propia muerte, como la creación será recreada. No era la naturaleza humana lo que necesitaba alimentarse de corazones humanos, sino los corazones humanos los que necesitaban alimentarse de amor -corazones amorosos que rehabilitarían la creación entera-.

Creo que esta es la raíz más profunda de la originalidad de la tradición cristiana mestiza latinoamericana. La figura de Quetzalcoatl no creía en el sacrificio de los demás. Practicaba la autodisciplina en aras de la armonía consigo mismo, con los demás y con el orden cósmico. Para él, armonía, lo que los cristianos llamamos "comunidad", era la esencia de la vida. El mítico Quetzalcoatl se sacrificó a sí mismo porque así, arrojándose entre las llamas, los seres humanos podrían nacer. Gracias al sacrificio de sí mismo comenzaría la nueva creación del Quinto Sol. El realizar el sacrificio voluntario de sí mismo no sólo constituía la esencia misma de la vida sino que era lo que engendraba esa misma vida. Fueron civilizaciones posteriores las que desarrollaron la noción de la necesidad de sacrificios humanos que aseguraran la vida permanente del cosmos.

La interpretación mutuamente influyente que existe entre esta antigua imagen de sabiduría de los mexicanos y el mensaje de la crucifixión-sacrificio de Jesús constituye la fuente de vida interminable de la espiritualidad mexicana. Se expresa de muchas maneras, se transmite de muchas formas se celebra con ritos muy apasionados. Es en esta misma aceptación radical de la vida tal y como es, aun en sus momentos más dolorosos, que ya se encuentran los comienzos de una experiencia de resurrección.

Los teólogos insisten en la importancia de la resurrección de Jesús como la manifestación más grande y definitiva de su señorío, y tienen razón, es verdad. Como san Pablo lo afirma: "Y si Cristo no ha resucitado, la fe de ustedes no tiene sentido" (1 Corintios 15:17).

Así, el Domingo de Pascua de Resurrección sin el Viernes Santo está vacío, lo mismo que el Viernes Santo sin el Domingo de Pascua de Resurrección no tiene sentido. Y es la crucifixión y los acontecimientos que la rodean lo que ha inspirado las obras de arte más bellas hasta el día de hoy. Dichas obras penetran más allá de lo que se ve y nos brindan la belleza insospechada que el exterior nos ocultaba. Nuestros antepasados nahuátls acostumbraban pensar que los artistas eran personas cuyos corazones estaban poseídos por Dios y así podían intuir la verdad divina y expresarla mediante la belleza. Precisamente este parece ser el caso cuando se interpreta el sacrificio de Jesús. Parece como si los artistas intuyeran la más recóndita belleza del sacrificio por el bien de los demás, aun a costa de la propia muerte, aun cuando esta sea cruel y vergonzosa.

En los almacenes de artículos religiosos, los crucifijos sobrepasan en número a las imágenes de Jesús resucitado (que usualmente no son muy buenas) en la proporción de cien a uno. La gente busca los crucifijos porque revelan la máxima belleza de nuestro Dios que nos ha amado tanto, a pesar de nuestra situación de pecado, que entró en solidaridad con las víctimas de las estructuras injustas y llegó hasta el extremo de dar su vida por nosotros para que así la humanidad comenzara una nueva manera de vivir.

La ejecución de una persona condenada por un crimen nunca es algo hermoso, ni constituye un evento inspirador, aunque en nuestra perversidad pecadora la gente parece emocionarse y hasta busca divertirse con las ejecuciones públicas. En los Estados Unidos de América, los linchamientos eran celebraciones populares públicas que se gozaban con un espíritu festivo. No era raro que las escuelas dejaran salir a los estudiantes, y a veces hasta las Iglesias suspendían sus servicios para que su membresía pudiera unirse a la gente que celebraba el linchamiento, como si se tratara de un carnaval. Tal vez tales ejecuciones podrían ser actos que entretendrían a gente de alma perversa, pero jamás podían ser motivo de inspiración. Sin embargo, pensémoslo bien, la ejecución de Jesús en la cruz, que sucedió en la forma más cruel posible, no sólo ha inspirado a los artistas, sino lo que es más importante, ha inspirado a gente hasta su propio martirio. En ese mismo momento la tormentosa muerte de Jesús inspiró a un centurión romano, quien sólo en el César veía a la divinidad, a exclamar: "Verdaderamente éste era Hijo de Dios" (Mateo 27:54). Otra versión que nos transmite el mismo hecho lo presenta así: "Verdaderamente este hombre era justo" (Lucas 23:47). En verdad, cuando Jesús muere se revela no sólo su completa inocencia sino que, aún más, su divinidad aparece más clara. En nuestros días, esto continúa inspirando no sólo al arte refinado y a la música selecta sino también al arte del barrio, al arte del Tercer Mundo y al arte que muchos prisioneros crean en su propia cárcel. Es maravilloso cómo la imagen de algo tan cruel, en especial si se tiene en cuenta el contexto de la vida entera de Jesús, puede continuar siendo inspiración no sólo de la belleza artística sino también de una belleza superior, que genera conductas de dimensiones heroicas.

Mi reino no es de este mudo –Juan 18:36

Tanto en los contornos de la Catedral de San Antonio, Texas, como en muchas de las ciudades a lo largo y ancho de América

Latina, no hay otro día más grande y más especial que el Viernes Santo. Este día es cuando proclamamos a Jesús como *El Señor del Gran Poder.* No hay día que reúna más gente al mismo momento que la representación del juicio, la crucifixión y sepultura de Jesús. En alguna forma, el paso del tiempo y del espacio desaparece y los acontecimientos del primer Viernes Santo se hacen realidad aquí y ahora –estamos viviendo en el mismo presente este gran momento de la historia–. He experimentado esto muchísimas veces y jamás ha dejado de conmoverme profundamente; además, es una inspiración que me empuja a comprometerme aun más en el seguimiento de Jesús, cuésteme lo que me cueste. Para mí, como ser humano y como sacerdote, verdaderamente este es el día más hermoso, conmovedor e inspirador de todo el año.

Todas las celebraciones de la Pascua palidecen en comparación con la celebración del Viernes Santo. La Vigilia Pascual, así sea preparada y celebrada con hermosura, no puede compararse con la divina hermosura que brilla radiante en todo el día del Viernes Santo. Muchos tienen la tendencia de ver nuestras celebraciones mexicanas y latinoamericanas como algo repugnante. Algunos las miran como un espíritu enfermizo que exalta la crueldad y lo sangriento. Sin embargo, para los pobres y para la gente que sufre en este mundo, para las víctimas silenciosas de la crueldad sistemática del mundo, para los pueblos crucificados en el mundo de hoy, este día es el día del triunfo supremo del amor de Dios sobre las fuerzas del mal de este mundo. Este es el día en que vemos y experimentamos el verdadero corazón y rostro de Dios, que no se avergüenza de estar con nosotros en nuestras múltiples humillaciones y sufrimientos, aún más, llega al extremo de convertirse él mismo en la víctima que sufre la crueldad del mundo. En todas estas expresiones culturales y religiosas se nos recuerda que su propio triunfo sobre el mal está garantizado, al igual que nuestro propio triunfo. Es la glorificación del amor divino que se hace visible verdaderamente mediante el amor ilimitado de Jesús, precisamente en su sacrificio en la cruz.

La gente viene a las representaciones del Viernes Santo con muletas, en sillas de ruedas, con bebés en los brazos, con niñas y niños llevados de la mano. El Viernes Santo es el acontecimiento religioso más importante para los pobres. Durante estas celebraciones del Viernes Santo es como si todos juntos estuviéramos tomando parte en los mismos hechos que tuvieron lugar en Jerusalén. El símbolo religioso supremo del cristianismo está entremezclado con la cruda y viva realidad de las gentes en una asombrosa reciprocidad de interpretación y enriquecimiento. En esta vivificación de la imaginería cristiana mediante la realidad humana, irrumpe la vida nueva en toda la comunidad y en cada uno de los participantes.

Guarda tu espada. ¿Es que no debo beber el cáliz de amargura que el Padre me ha preparado?

–Juan 18:11

En este día, Viernes Santo, la gente proclama espontáneamente a ese hombre débil, azotado que carga con la cruz como "El Señor del Gran Poder", porque es precisamente en su poder de soportar los insultos y los tormentos físicos sin perder su dignidad, su propia compostura ni su vigor interno, como revela el poder de Dios que vence toda violencia sin caer jamás en esa misma violencia. La violencia nunca elimina la violencia. Es en esta aparente debilidad que se revela lo más poderoso del amor. Es este poder de soportar, por bien de la vida, lo que caracteriza la vida y la lucha de los pobres de América Latina. Sin este poder, desde cuando dejaríamos de haber existido. Quienes no asumen esta experiencia, ven esto como fatalismo; nosotros, en cambio, lo vemos como el poder del amor que triunfa sobre los poderes diabólicos de la injusticia en este mundo. Este mundo pertenece a Satanás debido al pecado. No obstante, por medio del amor, Jesús lo ganará para Dios: "Mi reino no es de este mundo. Si lo fuera, mis seguidores hubieran luchado para impedir que yo fuera entregado a los judíos. Pero no, mi reino no es de este mundo" (Juan 18:36).

Cristo reinará sobre el mundo, pero no será un reino de poder, dominio y control. El reino de Cristo será de una naturaleza totalmente diferente. Este reino es donde "Actuó con la fuerza de su brazo y dispersó a los de corazón soberbio. Derribó de sus tronos a los poderosos y engrandeció a los humildes. Colmó de bienes a los hambrientos y a los ricos despidió sin nada" (Lucas 1:51–53).

El Viernes Santo es el día de los pobres, de los humillados y de los insignificantes de este mundo. Es el día de los rechazados y los falsamente acusados; es el día de los indeseados y los atormentados de este mundo. Es el día en que proclamamos que lo definitivamente sagrado para nosotros es aquello que tiene este significado. No hay otro momento en el que lo sagrado de nuestras luchas y nuestra capacidad para soportar lo que sea, por el bien de la nueva vida, sea más robustecedor e inspirador que durante las vivencias del Viernes Santo. Al igual que Jesús, también desafiamos la opinión pública y aun los ritos litúrgicos al caminar orgullosamente junto a Jesús que carga con su cruz a lo largo de su Vía crucis o Vía dolorosa. En la pasión, muerte y resurrección de Jesús, Dios entra plenamente en nuestro propio camino de la cruz, participa de lleno en nuestra lucha por la vida, la dignidad y la libertad. No sentimos vergüenza de estar junto a nuestro Dios, indistintamente de lo desgraciado, desfigurado y rechazado que esté a causa de la sociedad humana. En el camino de la cruz, Dios nos acompaña y llega a tomar nuestro lugar cuando se nos presentan las situaciones más tormentosas de nuestra vida. Es en el Verbo hecho carne en quien nuestras tragedias adquieren una nueva vida y un nuevo significado: "Lo crucificaron y se repartieron su ropa, sorteándola para ver qué se llevaba cada uno" (Marcos 15:24).

Una vez que dejaron a Jesús desnudo en la cruz, le quitaron absolutamente todo. En verdad, fue despojado de toda dignidad y lo presentaron al mundo en una forma humillante. Debemos recordar que todo –¡Absolutamente todo!– se les quita a las víctimas, como fue el caso de los africanos a quienes se les forzó a venir a América a servir como esclavos; el caso de los nativos estadounidenses que perdieron sus propiedades, su familia, su honor y su dignidad; el caso de las víctimas del Holocausto, a quienes los despojaban de todo antes de ser conducidas a su ejecución; y el caso de las víctimas de hoy debido a las injusticias individuales y sociales. Todos falsamente acusados y condenados, flagelados, coronados de espinas, clavados en las cruces de duros trabajos, y crucificados desnudos, privados aún del mínimo de su dignidad humana. Este es el cúmulo de víctimas diarias de la injusticia, no sólo entonces, sino ahora también: los trabadores indocumentados, los campesinos, los trabajadores del campo, los ex convictos, los trabajadores domésticos, las personas empleadas en las maquiladoras, las prostitutas, las personas empleadas sólo por un día. A todos ellos se les priva de su dignidad, credibilidad o del valor humano de cualquier especie.

La agonía pública de Jesús es simplemente la exposición pública del sufrimiento y miseria escondidos, sufrido por las víctimas de la sociedad. Sus gritos desde la cruz por la vida son los gritos por la vida de todas aquellas personas que han sido silenciadas por la sociedad, gritos que ahora toda la gente escucha. Por medio de Jesús, los pobres, los silenciados y los que sufren en este mundo se atreven a proclamar a todos que somos seres humanos, que estamos aquí, que somos personas (no meros números estadísticos) y que estamos vivos. Es un llamado a cada uno para que escuchemos los gritos de las víctimas inocentes de nuestro orgullo y sociedad individualista, ansiosas por erradicar el abuso en cada una de sus formas.

Ha llegado la hora en que Dios va a glorificar al Hijo del hombre –Juan 12:23

A lo largo de su vida, Jesús asumió muchos riesgos al confrontar tradiciones, costumbres y regulaciones que le impedían a la gente apreciar su dignidad como hijos e hijas de Dios. Era muy frecuente que lo interrogaran a causa de ello; incluso lo insultaron y amenazaron por la misma razón. Peor ahora, pareciera que ha sido derrotado y que su vida finalmente llegó a un horrendo final. ¿Sería todo así? "Dicho esto, Jesús levantó los ojos y exclamó: Padre, ha llegado la hora. Glorifica a tu Hijo, para que tu Hijo de glorifique" (Juan 17:1).

Muchos se han sorprendido de por qué esta cruel y sangrienta ejecución ha llegado a ser un símbolo religioso de tal magnitud. ¿Por qué algo tan horrible se convirtió en el símbolo más bello del cristianismo? ¿Por qué razón gente buena y religiosa, llegó a hacer tal cosa? ¿Por qué algo tan horrible llegaría ser algo tan bello?

Es precisamente cuando nos solidarizamos en carne y hueso con los crucificados de nuestro tiempo, cuando podemos ver y entender cómo la crucifixión de Jesús continúa siendo la revelación acerca de Dios, de la humanidad y de cada uno de nosotros. Los pueblos crucificados son los intérpretes contemporáneos de los hechos originales. Lejos de ser el trágico fin de la vida de un buen hombre, la crucifixión generó una de las paradojas increíbles de la historia: la ejecución de un criminal condenado injustamente por la justicia de un mundo pecador se transformó en la fuerza vital que comunica una mejor vida a millones de personas de todas las edades, razas y regiones del mundo; uno de los espectáculos más feos llegaría a constituir una de las vistas más bellas y dadoras de vida.

La pasión y crucifixión de Jesús que tuvo lugar en un momento concreto de nuestra historia, la revelación máxima de la belleza del amor de Dios, puede aparecer como algo completamente profano y enteramente distante de cualquiera de nuestras nociones acerca de lo sagrado. En la crucifixión no vemos al Dios omnipotente que libera a su pueblo del poderoso Faraón o a los ejércitos superpotentes de alguna nación que derrotan al enemigo con una fuerza superior. Al contrario, aquí está un Dios aparentemente sin poder, impotente frente a los poderes de este mundo. En este Jesús crucificado no vemos la figura gigantesca de un Moisés que lidera a su pueblo de la esclavitud en Egipto, o la figura de Josué que conquista la tierra prometida o al sapientísimo Salomón que reina sobre la majestuosa ciudad de Jerusalén. Lo que vemos es a un hombre aparentemente derrotado, a quien se le ha arrebatado hasta su dignidad más básica.

Jamás podré olvidar la pregunta que me hizo un niño de tercer grado de primaria: "Padre, ¿por qué Dios permitió que esos hombres malos mataran a su Hijo? ¿Acaso no los podía detener?". De la boca de los pequeños brotan las preguntas más desafiantes. Mi teología, según la cual el pecado de la humanidad exige el sacrificio del Hijo divino-humano para apaciguar la furia del Padre, no tiene sentido. Hay que cavar más hondo en búsqueda de la razón de la crucifixión. El Dios del amor no puede ser un Dios vengativo. Por lo menos yo no creo en tal Dios.

A primera vista, en la crucifixión vemos a un Padre que no puede proteger a su Hijo único de las estructuras más poderosas de este mundo. No obstante, detrás de este hecho descubrimos una realidad más profunda: un Dios Padre a quien le disgustan tanto las formas de violencia de su propia creación, que ha dado a su Hijo la capacidad de resistir y destruir la violencia sin recurrir absolutamente a ningún tipo de violencia. Esto sí que es algo totalmente nuevo: la idea de alguien que llega a amar tanto que da su vida en lugar de quitarla a alguien más. Jesús triunfó no por arrebatarle la vida a alguien más, sino por ofrecer su propia vida por el bien de los demás. Jesús triunfó no por vencer la violencia mediante una violencia peor, como hoy se glorifica en todos los medios, sino porque continúa amando a pesar de la violencia azotada contra él. Ese sí que es un poder nuevo e insospechado. Esta es precisamente la belleza máxima de la cruz así como el grado más alto de la fuerza del sacrificio de la cruz. Sin lugar a dudas, ésta fue la hora de su glorificación.

Tus palabras dan vida eterna –Juan 6:68

En el peor momento de su vida, Jesús pronuncia las palabras más bellas. Precisamente en el momento en que sucedía un terremoto (Mateo 27:51), Jesús emite palabras que continúan produciendo terremotos en los cimientos más profundos de nuestra identidad humana, a fin de hacer posible que brote la vida desde las tumbas de la muerte social.

Padre, perdónalos, porque no saben lo que hacen –Lucas 23:34

Desde el trono de su catedral, Jesús proclamó la palabra de vida más hermosa y poderosa. En un mundo envenenado y desgarrado por la violencia, la venganza, las traiciones, los abandonos, los insultos y la indiferencia, sólo el perdón es el único camino para alcanzar una íntima libertad, la paz y la tranquilidad. El cargar con rencores esclaviza y amarga; albergar el perdón libera y restaura la vida. Sin perdonar, la vida es peor que la muerte, y la muerte es el tormento eterno. Jesús vivió en ese mundo. Fue traicionado, abusado y abandonado. Y lo vivió para perdonar. Solamente en la acción de perdonar la muerte se disuelve en vida eterna y los dolores del pasado se transforman en una alegría perenne. Perdonar es vivir.

Te aseguro que hoy estarás conmigo en el paraíso –Lucas 23:43

¿Hay alguien entre nosotros que no haya fallado en una u otra forma? ¿Hay alguien entre nosotros que no haya cometido una falta que merezca castigo? "¡Yo nunca he hecho nada malo!". La negación es una gran calamidad y una autoflagelación sin fin: "¡Me lo merezco!". El actuar como si nada hubiera pasado es una gran enfermedad, así como lo es el tormento constante de sentirse culpable. No obstante, el confiar incuestionablemente en aquel que muere por nosotros rehabilita a toda persona. Como siempre, Jesús tiene la forma de sanarnos interiormente: simplemente, admite tu culpa, confía en él y ¡Dios hará el resto! "Hoy estarás conmigo en el paraíso".

Mujer, ahí tienes a tu hijo... Ahí tienes a tu madre –Juan 19:26–27

Nadie quedaría solo o sin cuidado. La mejor póliza de seguro, el mejor orfanato, la mejor casa para personas mayores no será suficiente si no se goza de la ternura y de un cuidado personal. Para vivir humanamente, necesitamos preocuparnos por los demás y saber que otros se preocupan por nosotros, que amamos y que somos amados. Ni siquiera la muerte nos podrá separar de las personas que amamos, de quienes en vida, nos dieron la vida. La inmensa compasión de Jesús trasciende y supera su agonía física en la cruz por la manera tan tierna en que cuidó de aquellas personas que lo rodeaban. Sus verdugos muy bien podrían clavar su cuerpo en la cruz, pero no podían impedirle amar a los demás en la tierra y más allá de ella. Sólo cuando cuidamos a los demás nuestro sufrimiento se sumerge en la paz de la vida eterna, no en la vida en el más allá sino en el comienzo de una vida eterna que se encuentra en los vínculos de amor, preocupación y cuidado mutuo.

Dios mío, Dios mío, ¿por qué me has abandonado? –Mateo 27:46

¡Qué amor tan más increíble manifestó Jesús por todos nosotros! Porque no hay amor más grande que compartir los peores momentos de agonía de la persona que amamos. Jesús, en su propio cuerpo y en su espíritu, compartió la tortura de nuestros sufrimientos en nuestras dificultades, vergüenzas, fallas, alienaciones, soledades y angustias. Porque Jesús nos amó sin límites, hasta el extremo, Dios lo resucitó a la vida eterna. Cuando me siento totalmente hundido en los problemas de la vida, sin ánimo, no necesito atemorizarme o desesperarme. Sé bien que el Hijo de Dios está conmigo para darme la esperanza que va más allá de cualquier esperanza humana, que Dios –no sólo algo meramente humano– triunfará en mí. El abandono de Jesús me rescata de mi propio abandono. Dios está conmigo por encima de todo.

Tengo sed –Juan 19:28

Jesús fue condenado por su pueblo a la vez que fue abandonado por sus amigos. Aquellos miles que quisieron convertirlo en rey ahora quieren y exigen su muerte. Cuando todo va bien, nos llenamos de amigos y seguidores; cuando caemos precipitadamente, nos calumnian y abandonan. Para quienes éramos motivo de orgullo, ahora se alejan de nosotros por vergüenza y afirman no habernos conocido. De aquellos que recibieron nuestros favores ahora recibimos el barro que nos arrojan a la cara. La soledad que genera la condenación, la vergüenza y el abandono es un tormento aun peor que la muerte. La sed más ardiente que un espíritu humano puede padecer no es la de cierto líquido, sino la sed de comprensión, aceptación y acompañamiento. Sólo nosotros podemos brindar esta bebida de vida que puede mitigar la sed más ardiente del corazón humano que arde como en brasas candentes por el rechazo y el abandono.

Todo está cumplido –Juan 19:30

"Yo he vencido al mundo" (Juan 16:33). Esta afirmación no es ninguna aceptación de derrota, sino de triunfo. Es la maravillosa satisfacción del artista, del científico, del arquitecto, de quien cocina algo muy especial, del conserje, del padre, de la madre, del maestro, de todos aquellos que han trabajado arduamente y han enfrentado obstáculos inesperados e insospechados que han padecido malos entendidos y tal vez, también hayan experimentado el ridículo de otros y de quienes aparentemente desfallecieron. Es la satisfacción maravillosa de quienes en medio de todo esto han permanecido fieles y perseverantes hasta haber llevado a feliz término el proyecto que un día habían iniciado.

Jesús permaneció absolutamente fiel al proyecto que Dios le entregó para la humanidad: amar a los otros sin importar el costo, sin atender a la respuesta, para que así "todos sean uno". A lo largo de toda su vida, y más que nunca en estos momentos finales, dejó muy en claro la verdadera estructura y la esencia del amor auténtico. ¡Es muy cierto aquello de que el corazón tiene razones que la razón no conoce! Nuestra tarea no es lograr aprobación, sino amar por encima de todo. Todo nuestro poder y nuestra fuerza jamás podrán destruir la fuerza de su amor. No obstante las denuncias más escandalosas y los ataques más repugnantes, Jesús permaneció firme e inalterable. Algunos pensaron que Jesús había caído en desgracia, pero este grito fue el clamor espontáneo de gratitud, triunfo y victoria al momento de morir: "¡Todo está terminado... finalmente se ha completado!". La muerte no es el final de la vida, es simplemente un término del proyecto de vida, el cual, como cada pieza espléndida de una obra de arte, continúa con vida para siempre.

Padre, en tus manos encomiendo mi espíritu

–Lucas 23:46

¡Qué manera tan hermosa de partir de este mundo, con una confianza absoluta en el Dios de la vida! Aun en los momentos de su muerte, Jesús nos coloca en medio de la ternura y del cuidado ilimitado que tiene por nosotros el Dios de la vida. No importa lo que la vida me tenga preparado, no tengo que desesperar puesto que, por encima de todo, Dios está conmigo y en las manos de Dios deposito mi destino y mi vida con una confianza segura y total. ¿Qué me queda por hacer? Al igual que Jesús, debo adentrarme en la satisfacción profunda y en la gozosa tranquilidad de saber que hice lo mejor que pude al cumplir en mi vida la voluntad de Dios y Dios no me pide nada más. Lo que Dios quiere es que viva a plenitud mi vida y al buscar hacer la voluntad de Dios, me encuentro dentro de la plenitud de la vida tanto aquí como en la eternidad. Para quienes son fieles en el caminar con el Dios del amor, aunque muramos, no tenemos nada de que temer, porque viviremos para siempre.

Habiendo exclamado sus palabras finales, habiendo llevado a cabo su misión hasta el final, aun con un final amargo, Jesús entregó su espíritu. Es interesante que los relatos de los evangelios no narran que Jesús murió; dicen que expiró (Marcos 15:37; Lucas 23:46), entregó su espíritu (Mateo 27:50), inclinó la cabeza y entregó su espíritu (Juan 19: 30). Raymond Brown, en su clásica obra *La muerte del Mesías* (Volumen II), presenta una hermosa intuición acerca de esto, de que inclinó la cabeza y entregó su espíritu. Bien pudo haber sido que Jesús inclinó su cabeza en búsqueda de las personas que habían permanecido fieles, que no lo habían abandonado y que permanecían de pie junto a la cruz y a estas personas les entregó su espíritu. Quienes habían perseverado y permanecían fieles junto a la cruz fueron los primeros en recibir el espíritu prometido. Esta es la hermosura increíble y la belleza del momento, lo que Juan marca con el nombre de la hora de su glorificación. Justamente cuando el mundo cree que lo han asesinado, Jesús trasciende a una vida que nadie puede destruir ni ponerle fin y que la brinda como fuente de vida precisamente a aquellos que han permanecido de pie junto a su cruz. La humanidad lo había matado y lo creyó muerto, pero estaba más vivo que nunca. ¡Su vida terrenal había llegado al final, pero su vida no había llegado al final! Esta es la gloriosa belleza que surge mediante las representaciones artísticas del crucificado –crucificado y, aun así, dador de vida y esperanza para la humanidad–.

Verdaderamente este hombre era el Hijo de Dios ... Este hombre era justo

–Marcos 15:39; Lucas 23:47

Paradójico como puede parecer, la fealdad de la cruz revela la belleza de Jesús, esa crueldad revela el poder de su resistencia y ese escándalo revela su gloria. No nos maravillemos, entonces, de que en el mismo momento de su muerte, su verdadera y suprema identidad haya sido inmediatamente reconocida por un centurión encallecido e insensible por guerras y matanzas: "Verdaderamente ésta era Hijo de Dios" (Mateo 27:54). De la misma forma que Jesús soportó los insultos de la sociedad e inclusive su ejecución, en esa misma forma Jesús se levanta sobre los poderes del mal que destruyen y esclavizan. Esto no fue la aceptación de la fatalidad como el *status quo*, al contrario, fue el triunfo sobre la dinámica ordinaria de la violencia que domina el comportamiento del mundo y de las personas, en aras de la paz, el orden y el bienestar. En su mismísima muerte, Jesús aparece como la víctima inocente de la injusticia del mundo, el Hijo de Dios en la cruz y el autor de una nueva vida en el Espíritu.

CAPÍTULO 10

Un regalo al morir

Ahí tienes a tu hijo –Juan 19:26

Si reflexionamos en el Evangelio de San Juan, fácilmente podremos decir que es el evangelio de la madre. En el Evangelio de Lucas, la primera y última palabra es acerca del Padre: "¿Por qué me buscaban? ¿No sabían que yo debo ocuparme de los asuntos de mi Padre?" (Lucas 2:49). "Padre, en tus manos encomiendo mi espíritu" (Lucas 23:46). Sin embargo, en el recuento del Evangelio de Juan, es su madre la que comienza la fiesta de la boda en Caná, y al final de su vida terrenal, cuando ha hecho lo que tenía que hacer, Jesús nos da su último y más tierno regalo. Desde la cruz, nos da a su propia madre para que sea nuestra madre. Si en su vida Jesús nos dio el Padre Nuestro, ahora, como su último regalo, nos obsequia el Madre Nuestra. "Después le dijo al discípulo, 'Ahí tienes a tu madre'. Y desde aquel momento, el discípulo la recibió como suya" (Juan 19:27). El significado es muy claro y así fue intuido por los cristianos. No hay familia cristiana sin María, la madre de Jesús y ahora nuestra propia madre; ella es el centro que unifica y comunica compasión a la nueva familia de Dios.

Jesús conoció mejor que nadie la naturaleza humana y supo que nada une más a una familia que una madre llena de amor. Necesitamos el cuidado amoroso y providencial de un padre. Pero el amor y la compañía de aquella que nos dio la vida desde dentro de su vientre nos provee de un lazo de unión que no hay palabra humana que pueda expresarlo cabalmente. No es algo irracional, aunque ciertamente está más allá de la comprensión racional.

No hay la menor duda de que el lazo que une a la madre y a sus hijas e hijos es muy fuerte en la cultura latina. Esto es tan cierto que aun los hombres más "machos" son como arcilla suave en presencia de sus madres. De aquí que no sorprende que el catolicismo latino se centre mucho en María. Algunos han dicho que es más mariano que cristiano. No creo que este sea el caso. De hecho, pienso que nuestra religión a lo latino está basada en dos iconos claves: Jesús y María. Está mucho más cerca al cristianismo de los evangelios que otras expresiones de cristianismo que no logran apreciar el increíble y fascinante vínculo que une a la madre y a su hijo. Es un vínculo que se convierte en el más fuerte de todos porque los une a ambos en los sufrimientos de la salvación. De hecho, esta devoción ha estado presente en la Iglesia desde los primeros días de la cristiandad. Es un vínculo tan cercano que me atrevería llamarlo un equipo redentor.

Cuando la gente piensa en el catolicismo mexicano, inmediatamente les viene a la mente Nuestra Señora de Guadalupe y no se equivocan. Sin embargo, existen también otras expresiones de

María que tal vez sean menos evidentes pero que probablemente sean aún más poderosas. Especialmente sobresale entre ellas la devoción a Nuestra Señora de los Dolores.

Es desafortunado el que la gran masa de latinos se cuentan entre los pobres y los marginados de la sociedad. Como indios, mestizos, mulatos y afrolatinos sufren constantemente abusos e insultos de diversas maneras. Padecen los prejuicios de la sociedad dominante, la miseria de la economía de pobreza, la cárcel y la pena de muerte aplicada con facilidad a personas sin defensa competente. El amor y apoyo incondicional de sus madres ha sido fuente de energía para todos ellos. Qué fácil es para ellos descubrir en el rostro sufrido de la madre de Jesús el rostro sufrido de sus propias madres que han batallado con nosotros y por nosotros, sin jamás habernos abandonado ni soltado de su mano. Sólo una madre que ha sufrido puede comprender y apreciar nuestros dolores y nuestros sufrimientos. En Nuestra Señora Madre de Dolores contemplamos la aparente fragilidad de esas mujeres que de hecho se transforman en torreones y fortalezas invencibles. Verdaderamente son ellas las que dan y sustentan la vida en una forma que nadie logra imaginar.

María no justificó, aprobó o consintió las horribles injusticias que laceraron a su Hijo, aunque nada fuera posible hacer para evitarlo, María no lo abandonó, sino que estuvo muy cerca de él en los momentos en que más lo necesitaba. María estuvo con él y fue su apoyo aunque todos los demás lo abandonaron. Así son nuestras madres que se juegan todo por sus hijas e hijos, aun en el caso de que estos sean condenados a muerte en un juicio sin justicia. Estas son nuestras madres que se quedan solas en sus pequeños y empobrecidos pueblos, mientras que el resto de su familia tiene que emigrar en busca de pan y de trabajo, a sabiendas muy bien de que algunos de ellos ya nunca jamás regresarán. Estas son nuestras madres, que de manera increíble y creativa multiplican los recursos caseros para que su familia tenga ropa y comida, aguantando hambre ellas mismas y trabajando en dos o más trabajos. Éstas son las madres que soportarán lo más difícil y harán cualquier sacrificio por el bienestar de sus familias.

Nuestra tradición cristiana tiene muchas, bellas y exultantes enseñanzas acerca de María la madre de Jesús a quien reconocemos como Madre de Dios. Desde los tiempos más antiguos, la Iglesia ha expandido las propias palabras de María: "Desde ahora todas las generaciones me llamarán bienaventurada". María es la Inmaculada Concepción, la Reina de cielos y tierra, la Asunción, la Torre de marfil, la Bienaventurada siempre Virgen Madre de Dios, la Reina de los Ángeles. Es Nuestra Señora de Guadalupe, Nuestra Señora de Lourdes, Nuestra Señora de Fátima y muchos oros títulos preciosísimos.

La base para todos estos hermosos títulos es la realidad de María, la mujer galilea de Nazaret, que probablemente crió a Jesús como madre soltera la mayor parte de la vida que compartió con Jesús, que presenció la expulsión de su Hijo por parte de los jefes de su amada religión ("y se lo entregaron [a Pilato]" Marcos 15:1), lo acompañó a su cruel ejecución y estuvo de pie junto a él hasta el final. Como madre amorosa, sufrió con él todos los abusos, las incomprensiones y la agonía final.

Por esto no sorprende que no sean los altísimos títulos ni las elaboradas doctrinas acerca de María lo que atrae la devoción popular de las masas de los fieles, sino más bien es la solidaridad de María que nos acompaña y comparte nuestros sufrimientos. Muchos de los títulos y las doctrinas que emergen de las devociones populares se proclamaron precisamente para proteger estas devociones. Como madre que sufre, como aquella que padeció el escándalo de Jesús desde su concepción hasta su muerte, María puede compadecernos en nuestros sufrimientos, llorar con nuestras lágrimas y compartir nuestros lamentos en nuestros padecimientos. Ya que el sufrir, sea en una forma sea en otra, es elemento propio y ordinario de la vida, quién mejor que una madre sufrida, que nunca permitió que esto la destruyera, sea la que nos brinde valor, fuerza y esperanza en medio de nuestros propios dolores y miserias.

Es como si el sentido de los fieles intuyera lo que la Iglesia enseña tanto en el Concilio Vaticano II como en el *Catecismo de la Iglesia Católica:* "Esta unión de la madre con su Hijo en la obra de la salvación se hace manifiesta desde el momento de la concepción virginal de Cristo hasta su muerte… sufrió intensamente con su Hijo y se unió a *su* sacrificio con corazón de madre que, llena de amor, daba su consentimiento a la inmolación de su Hijo como víctima" (964).

Esa unión amorosa de madre e Hijo se hizo muy evidente para mí una tarde en que fui llamado urgentemente al hospital para administrar los sacramentos y atender sacerdotalmente a un joven que agonizaba a causa del SIDA. Un accidente de tráfico en la carretera me causó una demora y me tomó más tiempo en llegar al hospital. Cuando entré al hospital el joven acababa de morir. Sentada al borde la cama estaba su madre, cuya profunda agonía se trasparentaba en su rostro y sobre todo en sus ojos. Este joven era su único hijo. Mi reacción inmediata fue el darme cuenta de que estaba contemplando a María, la Madre Dolorosa al pie de la cruz. Todo su cuerpo y su rostro irradiaba una vivísima pena y resignación, a la vez que transparentaban una belleza fascinante y comunicaban un rayo de esplendor. Hubiera querido en ese momento ser un pintor para poseer la capacidad de plasmar esta increíble escena y así mostrarla a otros como consuelo e inspiración.

En mi espontaneidad comencé a darle palabras de consuelo. Era, sin embargo, evidente que esta madre no oía ninguna de mis palabras; parecía trasportada a otro mundo, un mundo de recóndito silencio. Se me ocurrió colocar mi mano sobre su hombro en silencio. Esta madre comenzó, entonces, a balbucear unas palabras con voz suave, delicada pero clara, una voz que provenía desde lo más recóndito de su corazón: "Padre amado, qué gracia tan maravillosa, tan especial, que mi Diosito me ha regalado en este día. Hoy he sentido en mi vientre lo que María sintió en la muerte de su hijo. En este momento María y yo estamos unidas en la muerte de nuestros hijos. ¡Qué privilegio tan increíble! Con mi hijo he saboreado la agonía de la muerte, y ahora estoy sintiendo que su vida palpita dentro de mí como nunca antes en mi vida lo había experimentado. Bendito sea Dios por darme tan gran bendición".

No fui yo quien trajo el consuelo a esta valiente mujer, sino la presencia de la Madre Dolorosa que acompañó a su Hijo en el momento de su muerte. Este icono, que está presente en una u otra forma en todas las iglesias del catolicismo latino, fue el que le dio a esta madre una comprensión mucho más rica y una aprecio mayor del poder de salvación y sanación que nos ofrecen los distintos momentos de la vida de Jesús, mucho más que cualquier sermón, tratado teológico o explicación académica que se le hubiese podido presentar. Esta mujer y madre, al igual que María, ha contemplado la muerte en su corazón y, aun cuando ella no haya tenido alguna explicación sofisticada, entendió la profundidad de los misterios de nuestra salvación.

A ti misma una espada de dolor te atravesará el corazón –Lucas 2:35

El Evangelio de San Juan presenta a María al pie de la cruz junto a otras pocas personas, pero no hace el texto una referencia a María, abrazando tiernamente el cuerpo de su hijo muerto sobre sus rodillas; aun así, es claro que este es uno de los iconos más llamativos y consoladores de nuestra tradición cristiana. Aunque no se haya escrito en alguno de los evangelios, estoy seguro de que así sucedió. ¿Cómo no iba a ser que, precisamente su madre, quien fue la primera que lo hizo descansar cómodamente en su pecho, la que ahora recibiera su cuerpo en su regazo, por última vez, antes de colocarlo en el sepulcro? Es común decir que una imagen vale más que mil palabras, y sí, creo que este icono de María, que nos la presenta tiernamente cuando recibe en su regazo el cuerpo de su hijo muerto, es algo que profundiza, enriquece y personaliza aún más nuestra comprensión teológica respecto al dolor en el mundo y nos ofrece la mejor explicación acerca del sufrimiento. Sabemos que hay estatuas, pinturas e iconos, y todos ellos sirven para presentar la realidad de entonces y nos la actualizan a quienes compartimos esta fe.

El *Stabat Mater Dolorosa* (Madre Dolorosa de pie junto a la cruz) es uno de los himnos más populares y conmovedores de la tradición cristiana y ha originado una gran cantidad de arte y de composiciones bellísimas. Una de las obras más honradas del gran artista Miguel Ángel es precisamente *La Pietá* (La Piedad) y también una de las imágenes y devociones más populares es la imagen de la Madre de los Dolores o La Dolorosa. Hay un profundo mensaje en la misma presencia de la Madre Dolorosa al pie de la cruz y uno más profundo aun en el cuerpo de nuestro Salvador que yace sobre las rodillas de María. Las mejores palabras resultan inapropiadas e incluso vacías al expresar lo que la gente experimenta frente a La Dolorosa. Vino al mundo como fruto de su vientre y ahora ella regresa su cuerpo al vientre de la madre tierra.

Podríamos decir que Jesús entró cronológicamente en el sufrimiento de María. Ella sufrió un inquietante temor en la concepción de Jesús, y al final, volvió a sufrir ante la horrible ejecución de su único hijo. Juntos, Jesús y María sufrieron y se sacrificaron de manera que así nosotros tuviéramos una vida nueva. Los cristianos de América Latina dan un profundo valor a este vínculo de salvación que se personifica de una manera muy especial al anochecer del Viernes Santo. La pasión de Jesús no termina sin la crucifixión. Justamente cuando el brillante sol primaveral comienza a esconderse por encima de las ciudades y los pueblos donde viven los latinoamericanos, la gente se reúne silenciosamente para bajar el cuerpo de la cruz. Luego de la masiva conmoción del día, una quietud suave, confortante y de paz va penetrando a la muchedumbre reunida para *El pésame* y *El santo entierro.* Es como si todos encontraran una íntima relación de unos con otros luego de los tremendos acontecimientos que acaban de suceder. Muchos se funden ahora "en un sólo dolor" en este momento. Aun así, a pesar de esta increíble cercanía, pareciera que cada uno está igual y totalmente solo –solo con muchos más– en la profanidad de su propio dolor, en lo más profundo de su tragedia, en su más profunda humillación. Verdaderamente es una reunión en soledad, un pueblo en soledad. Es el silencio del temor, el silencio de impacto emocional, el silencio del asombro, el silencio que uno guarda ante lo increíble que ha sucedido; de igual manera, es el silencio de una anticipación y expectativa muy profundas. Es el silencio de lo desconocido, el silencio que estuvo probablemente ahí al momento final del caos, justamente en el momento que precedió la creación. La misma cercanía y unidad de gente de todas las edades, grupos étnicos, unidos en un silencio doloroso, es en sí mismo una fuerte proclamación de lo que ha tenido lugar: el final dramático de un inicio más dramático aún, que ya ha comenzado a expandirse con la víctima inocente que derrama su sangre por nosotros en la cruz.

El cuerpo físico de Jesús ciertamente ha muerto, pero aparece más presente que nunca en medio de nosotros. Es como si las palabras de la historia que el evangelio nos narra llegan a ser reales en nosotros: "Entregó el espíritu" (Juan 19:30). Ciertamente sentimos este espíritu; de hecho, casi podemos verlo y tocarlo. No hay ninguna duda de que el espíritu que se nos dio desde la cruz vive ahora en medio de nosotros.

La procesión del santo entierro que se realiza el Viernes Santo da inicio con la Madre Dolorosa que camina detrás del cuerpo de su hijo. Al caminar junto a la madre en duelo y acompañarla con el cuerpo de su hijo muerto, estamos valorando la vida y los misterios de esta madre valerosa que jamás se dejó derrotar. ¿Cuál es ese misterio de esa mujer de barrio tan especial que continúa entregando valor, fortaleza y vida a quienes sufren en este mundo? En su vida ordinaria nunca apareció como alguien especial. Era muy semejante a nuestras propias madres tan trabajadoras, que se sacrifican ellas mismas sin ninguna reserva por el bienestar de sus familias. Mediante su arrugado rostro y sus encallecidas manos brilla la hermosura de una vida abnegada. Se dobla ante el difícil trabajo de cocinar, de lavar la ropa y de limpiar la casa. Su bello rostro es una hermosa expresión de dolor, pero nunca de resentimiento, cólera o disgusto. No fue una virgen vestal de un templo pagano, ni reina, ni actriz, ni cantante, ni escritora o la mujer maravilla de cualquier clase. Pero eso sí, en su condición de Madre Dolorosa del crucificado, María llegó a ser la más reverenciada y las más hermosa de todas las mujeres y de todo ser humano que exista sobre la tierra. No hubiera ganado ningún concurso de belleza, examen del mismo tipo, ni tampoco hubiera aparecido en la portada de una revista de belleza. Aun así, ella es reconocida fácilmente en todo el mundo y a lo largo de todos los siglos, como la mujer más hermosa que jamás haya existido. Probablemente pareció más como una mujer mayor dedicada a su trabajo que como un imagen famosa de los medios de comunicación masiva.

Qué increíble energía y hermosura brotaba de cada fibra del cuerpo de esta frágil mujer adulta y con cabellos blancos, piel bronceada por el sol, por un duro trabajo, lágrimas, problemas y tribulaciones. Es esa misma energía que comunica capacidad a nuestras madres y a nuestros padres –las madres y los padres de los pobres– para superar privación, insultos, ridículos, hambre, fatiga, abandono, soledad y a veces prostitución por el bien de su amada familia. Los pueblos crucificados del mundo comprenden bien el poder lleno de energía y la fuerza de salvación de esta mujer de apariencia frágil y desvalida. De ninguna manera María aprueba ni legitima las injusticias que le causan sus sufrimientos; tampoco permite que la destruyan, ni siquiera que le disminuyan su dignidad o que le ahoguen su amor y confianza en su hijo

Así como el nacimiento de Dios tuvo lugar mediante los dolores de María, así ahora el nacimiento del nuevo pueblo de Dios, los fieles seguidores de Jesús, experimentarán los dolores de muerte de la Madre Dolorosa –La Soledad. Sola, María recibió la noticia de su inesperado e inusual embarazo, y sola, junto a José, dio a luz a su hijo y así, en soledad, solos emigraron a Egipto, sola crió a su hijo, y sola junto a unos muy pocos amigos lo vio condenado y muerto en la cruz. Jesús padeció como un hombre y María padeció como una mujer, como nadie pudo haber sufrido. Fue así como juntos rehabilitaron a la humanidad; juntos los dos son los corredentores de la humanidad. Su soledad en silencio es el vientre que da a luz a la nueva hermandad de mujeres y hombres, el pueblo conducido hacia la plenitud de una nueva vida gracias a la pasión, muerte y resurrección de Jesús.

He ahí a tu madre –Juan 19:27

En su sufrimiento María llegó a ser la madre universal porque no hay una madre que no pueda identificarse con ella. María, como todas las madres, es la madre que sufre en lo más profundo de su ser la destrucción de sus hijos. En verdad, todos los padres y madres pueden obtener fortaleza de María, ella que, por su íntima fortaleza, no permitió que la humillación más deprimente la humillara, le destrozara su compostura, le destruyera su dignidad o le aturdiera su bienestar mental. Los dolores no podrían destruir su vida, y en sus propios dolores, La Soledad da vida a los dolores que le sobrevienen, y María siempre está ahí para nosotros.

Y la Madre Dolorosa está igualmente ahí para todos nosotros, sus hijas e hijos, que padecemos malentendidos de otros, aun de nuestros propios padres. Esa Madre Dolorosa está ahí para sus hijas e hijos, adultos y mayores quienes, como todos los hijos, cometen errores, caen, reciben golpes y necesitan de consuelo. Ahí está la madre compasiva que siempre comprende, que siempre me recibe, que siempre me puede consolar en la ternura de sus brazos, de su pecho y de sus manos. Cuando alguien me echa afuera y me rechaza, en lo físico o en lo emocional, qué bueno es tener a alguien a quien recurrir y saber que los propios dolores son asumidos como sus propios dolores.

Esto lo aprendí muy bien desde mi temprana juventud; mi abuelita nos contaba una y otra vez la historia de cómo la Madre Dolorosa acudió a rescatarla. Mi abuelita era muy joven cuando repentinamente perdió a mi abuelito. Fue una época de revueltas en la Ciudad de México. A raíz de esto, quedó sin un centavo con una joven familia y con un hogar para mantener. Estaba a punto de perderlo todo. En su desesperación se fue a la catedral a orar ante Nuestra Señora de los Dolores, ella ciertamente la comprendería. En todos los templos mexicanos se puede encontrar una imagen de La Dolorosa, Nuestra Señora de los Dolores, la Madonna toda vestida de negro y evidentemente con un gran dolor. Cuando mi abuelita regresó a casa, la persona que le estaba cuidando sus hijos le entregó un sobre y le dijo que, mientras estuvo fuera, una señora toda vestida de negro había llegado y había dejado ese sobre para ella. Este sobre contenía suficiente dinero, mismo que le duró hasta que pudo conseguir un trabajo. En la forma como esta señora fue descrita a mi abuelita, no quedo en su mente la menor duda de que fue La Dolorosa, Nuestra Señora de Los Dolores, la que había venido a responder a su oración en el preciso momento en que ella estuvo rezándole. María es sin duda la madre compasiva que acude en nuestra ayuda en los momentos que más la necesitamos y está con nosotros en momentos de dolor y penas intensas. ¡Ella nos entiende porque ha estado en las mismas!

Y desde aquel momento, el discípulo la recibió como suya –Juan 19:27

Cuando la procesión del santo entierro llega a su final, alrededor de la plaza principal de San Antonio, ya la gente ha intercambiado sus experiencias personales de sufrimiento con la Madre Dolorosa, la gente gradualmente se va acercando al ataúd para rendir homenaje y depositar una flor sobre el cuerpo, ese cuerpo que aún muerto continúa dándonos vida. En estos momentos de intenso compartir –momentos tan privados y tan públicos, tan personales y tan generales al mismo tiempo– la paz del Señor, esa paz que el mundo es incapaz de dar, comienza a invadir nuestros corazones y transforma toda esta comunidad allí congregada en algo maravillosamente delicioso. Ya no son necesarias las palabras de consuelo, ya la paz de Cristo penetra en verdad todo nuestro ser; las explicaciones se tornan secundarias, la visión profunda del día iluminará y guiará nuestra vida por una nueva senda. Pareciera como si cuando colocamos nuestra humilde flor sobre el cuerpo de Jesús, que se entregó a sí mismo por nuestra salvación, recibiéramos el primer chispazo de su vida en nosotros. Esta es una experiencia que va más allá de cualquier palabra que intente describirla pero que se refleja con evidencia en los rostros de la gente que va caminando, jóvenes o mayores, a ofrecer sus respetos finales. De verdad que comenzamos a sentir la paz que el Señor resucitado regaló a sus discípulos después de su resurrección. Es posible que si ellos mismos no hubieran huido para esconderse, ellos mismos hubieran recibido esa paz al sepultar el cuerpo de Jesús.

Cuando la gente se retira de la Catedral de San Fernando, en San Antonio, el Viernes Santo, parece como si las palabras finales de este himno mariano confirmaran y motivaran la nueva vida que la gente ha experimentado: "Aunque te digan algunos, que nada puede cambiar, lucha por un mundo nuevo, lucha por la verdad. Aunque parezcan tus pasos, inútil caminar, tú vas haciendo camino, otros lo seguirán". Ahora debemos llevar adelante la obra de Jesús en el mundo, sin importar el costo o el sacrificio. Jesús lo hizo por nosotros, nosotros debemos hacerlo por los demás. Nunca estaremos solos, su madre estará ahí junto a nosotros, dándonos la fuerza y valentía que necesitamos para vencer cualquier obstáculo y poner manos a la obra ante cualquier dificultad mientras continuamos construyendo la nueva creación.

La gente ha tomado muy a pecho este último regalo que el Señor hace al morir. La amorosa, compasiva y sacrificada madre de Jesús ha llegado a ser nuestra madre. Ella estará con nosotros en nuestra vida, en nuestro hogar y en todas nuestras luchas. Es como si las palabras que Nuestra Señora de Guadalupe le dijo a Juan Diego fueran dichas precisamente a nosotros con el regalo final que Jesús nos dio desde su cruz: "¿No estoy aquí yo que soy tu madre?". Y quién sabe, puede ser que el discípulo amado y todos los demás hayan tenido la experiencia de escuchar estas precisas palabras de boca de María cuando estaba presente con ellos durante los días posteriores a la resurrección (Hechos 1:14).

CAPÍTULO 11

Una nueva humanidad

Dichosos los pobres, porque de ustedes es el Reino de Dios –Lucas 6:20

La gente que cree en Jesucristo experimenta un verdadero renacimiento de mente y corazón. El mundo no ha cambiado, pero ellos han cambiado totalmente. Por su medio aparecerán y comenzarán a tomar forma nuevas estructuras sociales. Estos creyentes seguirán viviendo en el mundo, con las luchas y quehaceres diarios al igual que todos los demás, pero ya no son del mundo. Continúan su vida y sus luchas en el mundo como todos los demás, pero de una forma muy distinta a las actitudes esclavizantes y destructivas de una sociedad de pecado. Están en el mundo, pero están más allá. Muchos continúan una vida y una existencia crucificada, pero, de hecho, ya han resucitado de la muerte; muchos continúan siendo pobres, despojados y privados de sus derechos, pero son ricos. Más allá de toda la riqueza material de este mundo, muchos tal vez no sean ilustrados con la ciencia humana, pero gozan de una sabiduría más admirable que la de muchos intelectuales. Puede suceder que aun la sociedad los siga marginando, pero la verdad es que son el centro dinámico de una nueva humanidad que el mundo jamás ha conocido.

Esta novedad de vida de las primitivas comunidades cristianas se me ha hecho patente a lo largo de mi trabajo con cristianos pobres en varias partes del mundo. Las heridas de sus vidas crucificadas aparecen ciertamente en sus pequeños cuerpos, sus arrugados rostros, sus encallecidas manos, los dientes que se les han caído, sus empobrecidas ropas, las viejas cicatrices de enfermedades y quemaduras de la niñez y demás deformidades causadas por hambres prolongadas y dolencias. Con todo esto, a través de sus ojos brilla una vida divina como si fueran rayos brillantes de sol, a la vez que sus cantos resuenan como notas de un coro celestial. Estos pobres son la continuidad de aquellos otros pobres y desposeídos que encontraron una nueva vida en el seguimiento de Jesús.

Hace unos cuántos años tomé parte en la escuela de verano para líderes de las Comunidades Eclesiales de Base en Lima, Perú. Participaban varios miles de personas en ese curso anual de dos semanas. Algunos habían viajado en autobús durante dos o tres días para llegar hasta ahí. Otras eran madres que habían dejado a sus hijos al cuidado de los mayorcitos para poder tomar parte en esta reunión. El tema de este curso era "El Dios de la vida". ¡Era asombroso que los pobres a quienes les habían robado la vida en varias formas estuvieran explorando y celebrando al Dios de la vida!

Pocos meses después asistí a un simposio con estudiantes de una universidad del norte de Europa acerca de "El derecho propio a escoger la forma y el momento de morir". ¡Qué alarmante! Quienes todo tenían estaban preocupados de cómo morir, entre tanto aquellas personas a quienes se les había quitado casi todo, estaban preocupados por la vida. ¡Qué locura!

Quienes participaban en aquel programa de verano de Lima se contaban entre los más pobres de los pobres de la región. La extrema pobreza y la miseria han privado a las masas de América Latina y del Caribe de poder hacer frente a las necesidades más básicas de la existencia. Se podría afirmar fácilmente que han nacido y vivido en el valle de la muerte. Sus rostros se han arrugado por su trabajo bajo los rayos continuos del sol en sus dientes se ve que jamás recibieron un cuidado dental, y muchos han envejecido mucho más allá de su verdadera edad. ¡Ninguna clase de cosméticos puede disimular el daño hecho a su persona! Duermen a campo raso, sus alimentos son de los más sencillos, carecen de cualquier comodidad y jamás he visto gente con tanta alegría. Las risas inundaban los corredores, la gente irrumpía espontáneamente con cantos antes de las sesiones y todas las presentaciones estaban condimentadas con un humor sabroso.

La liturgia final es algo que jamás podré olvidar. No había nada artificial ni elegante en el salón trasformado en espacio de culto y, sin embargo, el espíritu de la gente sin demora lo transformó en la más bella y vibrante catedral que jamás haya visitado. Ninguno estaba vestido con trajes elegantes, nadie ostentaba joyas extraordinarias, pero el brillo de sus ojos y la hermosura de sus semblantes no podían menos que causar una sensible admiración.

Semejaban diamantes vivos que lanzaban rayos luminosos de luces maravillosas. Era como si una luz interior se hubiera encendido dentro de cada persona y así todos juntos, iluminaban todo el salón con una luz y brillo sobrenaturales. El gozo que penetraba todos los momentos de la celebración fue algo contagioso.

No tuvimos un coro grandioso con partituras corales muy bien ensayadas, sin embargo, los instrumentos sencillos de la gente y las voces llenas de alegría de toda la comunidad celebrante convirtieron esta música en las melodías religiosas con más fuerza y más belleza que yo, de verdad, jamás había experimentado. Tampoco había ornamentos elegantes ni rituales eclesiásticos de alto nivel, sencillamente el celebrante condujo la procesión de entrada en compañía de varios ministros que iban vestidos al igual que su pueblo. La humildad y absoluta sencillez tanto del celebrante principal como de la comunidad celebrante, comunicaba tal majestad que no he vivido en ninguna liturgia papal o en alguna otra liturgia. ¡Esto era una comunidad realmente viva!

Al volver la mirada descubro que también he vivido algo parecido en las celebraciones del movimiento de *Cursillo* y más tarde, en el trabajo pastoral que ofrecimos en celebraciones semejantes en la Catedral de San Fernando, en San Antonio, Texas, la catedral especialmente de los pobres y los marginados de la ciudad de San Antonio. Al reflexionar en oración he constatado que estas experiencias vividas con estos grupos son la viva tradición del cristianismo que comenzó con los primeros seguidores de Cristo. No hablo de esa tradición histórica que estudiamos y leemos en los libros; es esa tradición tan viva y real que ha sido fuente de vida en el cristianismo. Es esta nueva vida de los marginados y de los "nadie" del mundo la que ha atraído a gentes de todos los caminos de la vida, de todos los grupos étnicos y de varias religiones a unirse a aquellos que, en el poder del Espíritu, ahora viven de acuerdo al "camino" de Jesús. Los marginados no han sido transformados en los poderosos de la sociedad, pero sí han descubierto ahora un centro nuevo de pertenencia, un nuevo estado de vida y un nuevo poder que relativiza cada cosa que existe en este mundo.

Tendemos a ver la vida, crucifixión, resurrección de Cristo y la venida del Espíritu Santo en Pentecostés en una forma confesional, simple y rápida, pero no logramos apreciar el increíble poder transformador de quienes fueron los primeros en experimentar estos acontecimientos y de quienes, por consecuencia, experimentaron esto mediante los testigos y predicadores que habían seguido a Jesús. Cristo no resucitó sólo de la muerte; resucitó también en sus seguidores de tal manera que cada uno de ellos y ellas pueden hacer suyas aquellas palabras de San Pablo: "Ya no vivo yo, sino que es Cristo quien vive en mí" (Gálatas 2:20).

Nosotros esperábamos que él fuera el libertador de Israel –Lucas 24:21

Todos los enemigos yaun los amigos de Jesús pensaron que estaba completa y desgraciadamente aniquilado. ¡Crucificado, muerto, enterrado y desaparecido para siempre! Igual que cuando nació en el silencio de la noche y en las afueras de la ciudad en un espacio prestado, del mismo modo ahora una inimaginable sorpresa tiene lugar.

Jesús resucitó de entre los muertos como una chispa que prendería fuego, el nuevo fuego del amor, como una llamarada que iluminaría la oscuridad de los corazones y de las mentes, como una fuerza eléctrica que da la corriente necesaria para amar como él amó. Si miramos hacia atrás, la resurrección debió producir muchas sorpresas. Hasta cierto punto podemos decir que toda la vida de Jesús fue una serie de increíbles sorpresas, como si sus vivencias fueran ladrillos en la construcción de la nueva creación. Ahora el proyecto podría comenzar en plenitud. La sabiduría mundana ha llegado a estar tan confusa y aun tan pervertida que los caminos del amor de Dios parecieran irracionales y aun blasfemos.

La resurrección de Jesús llega a su plenitud en la mañana de Pascua. Digo a su plenitud porque si medito y pondero en mi corazón la vida de Jesús en relación con su cultura, religión y sociedad, es evidente que Jesús estuvo constantemente "resucitando" de las muchas circunstancias que condenan a la gente a varias formas de muerte social. Jesús estuvo constantemente sorprendiendo a la gente en todos los aspectos de su vida, acciones y enseñanzas. Desde el mismo comienzo de su vida, Jesús se sacrificó para restablecer las rupturas existentes en cada aspecto de nuestra vida. Fue hecho víctima de varias maneras, pero nunca lo destruyeron. Se elevó muy por encima de las fuerza de los insultos, los prejuicios, la malicia, la segregación, la hipocresía y la injusticia y no sólo vivió dignamente su vida como verdadero hombre libre, sino que invitó a los demás a esa misma vida, llegando así a ser hijas e hijos del mismo Padre. ¡Este es el poder increíble de vivir en íntima unión con Dios!

El supremo sacrificio de Jesús por el bien de la salvación de la humanidad fue sin duda su muerte en la cruz. Pero este no fue su único sacrificio. De hecho, fue la culminación de una vida entera de sacrificios para liberarnos de las ataduras del pecado, al revelarnos, en su propia carne y sangre, la verdad acerca de nosotros y la verdad acerca de Dios.

Jesús fue un hombre de grandes sacrificios e increíbles sufrimientos, aunque no fue una persona triste y quejumbrosa. No permitiría a sus victimarios que lo destrozaran porque su amor permanecería más grande que sus ofensas. Jesús no fue un profeta de desgracias, sino un heraldo de alegría gozosa. Por lo tanto, no es de admirar que las muchedumbres sin vida y deprimidas estuvieran tan atraídas por él. Desearía que las historias del evangelio nos hubieran transmitido sus chistes, estoy seguro que tuvo un gran sentido del humor. ¿No es la risa uno de los grandes regalos de Dios? (Sólo los seres humanos podemos reír). También estoy seguro de que gozaba mucho entonando canciones populares; después de todo, David, que fue un prototipo de Jesús, fue el gran poeta-cantor. Fue un hombre de grandes sacrificios, nunca una persona sumida en su tristeza. Trascendió lo sombrío del mundo e irradió la brillantez de la presencia de Dios. Se elevó muy alto sobre las tristezas del sufrimiento y celebró la dicha de vivir.

El tiempo de las lamentaciones se ha marchado y ha llegado el tiempo de la alegría: "El plazo se ha cumplido. El reino de Dios está llegando" (Marcos 1:15). De hecho, se sabe que Jesús pasó momentos agradables con los marginados y descastados como también con la elite de la sociedad. Jesús transforma las expectativas de la sociedad al revelar al Dios que cimienta la felicidad en los pobres, los hambrientos, los tristes, los puros de corazón, los misericordiosos, los que trabajan por la paz. En los que buscan la justicia y aun en aquellos que son perseguidos (Mateo 5:1–11). La salvación no es para condenación de nadie, es la fiesta de todos, comenzando con los marginados y los rechazados de la sociedad y la religión.

Jesús sacrificó su situación social al ser un judío galileo marginado. Sacrificó la legitimidad social de su vida al ser concebido por una madre soltera. Sacrificó la comodidad y seguridad de un hogar al nacer en medio de los que carecen de casa. Sacrificó su reputación y buen nombre al mezclarse libremente con toda clase de personas, especialmente con aquellos que en su tiempo eran expulsados de la sociedad y de la religión. Sacrificó el amor de una mujer y de una familia para dedicarse a amar a todos. Sacrificó su vida antes que entrar por los caminos violentos de la sociedad. Eran los sacrificios de un amante por el bien de los amados. ¡No existe hermosura más grande que esta!

En verdad, Jesús fue una persona de sacrificio y la humanidad redimida ha intuido a la perfección la hermosura de estos sacrificios al exaltar atinadamente los diversos momentos de su sacrificio: concepción, nacimiento y muerte. Sus momentos más vulnerables hoy son los símbolos más apreciados. La anunciación, nacimiento en medio de pastores sin casa, varios incidentes de su vida, y muy especialmente su pasión, la coronación de espinas, la flagelación y la crucifixión han inspirado las más bellas y conmovedoras obras de artísticas y musicales a lo largo de los siglos en los cinco continentes.

Por eso es claro que su vida no terminó en sufrimiento y en sacrificio, sino en un gozo inexplicable. Aquel a quien el mundo ha rechazado y ha ejecutado, Dios lo resucitó glorioso de la muerte.

En la resurrección, Dios proclama la aprobación divina del camino de Jesús. Lo que ha aparecido como algo escandaloso, blasfemo y aun diabólico para algunos, queda ahora aprobado por Dios mismo como el camino de la nueva vida y de la nueva santidad. Lo que ha aparecido como un abandono de Dios y aun como una condenación de parte de Dios (Deuteronomio 21:23; Gálatas 3:13), ahora será visto y apreciado totalmente en una nueva manera. No fue Dios que abandonó a su Hijo a la hora de su mayor necesidad, o el Dios que sometió a su Hijo a tan horrible castigo, al contrario, el Dios que comunicó el poder a su Hijo para romper las cadenas del mal, y no por la fuerza de un mal peor, sino por el poder del amor y sólo del amor. Sin tener en cuenta el costo, este fue el único camino para romper el poder del mal que genera males peores. Dios no condena a su Hijo, al contrario, bendice a la humanidad por medio del amor divino introducido al mundo por su Hijo. sta sí que fue una alegría espontánea y creadora, semejante al triunfo de un equipo aparentemente insignificante que de frente a uno muy fuerte, le arrebata el trofeo en los últimos momentos de la competencia. La alegría espontánea, los gritos de ánimo, las danzas y las celebraciones de sus partidarios no necesitan programarse u orquestarse por nadie. El espíritu de triunfo permeabiliza a todos y es evidente en el movimiento de su cuerpo y en el sonido de su boca. Así sucedió con los himnos espontáneos de alegría compuestos por los primeros cristianos (Hechos 16:25; Efesios 5:16; Colosenses 3:16). Aquel en quien habían confiado no ha sido derrotado. ¡Ganó! Ganó en una forma sorpresiva que nadie había imaginado. ¡Fue asesinado, pero Dios lo resucitó y lo devolvió a la vida! ¡Aleluya!

La paz esté con ustedes –Juan 20:19

El primer acto de Jesús resucitado fue ir a visitar a sus amigos cercanos que lo habían abandonado y habían huido lejos de él el viernes, cuando más los necesitaba. ¿Los reprendería por haber sido tan cobardes? ¿Les expresaría qué tan disgustado estaba con ellos? ¿Los llamaría débiles y traidores? Ciertamente que se lo merecían. Pero las únicas palabras que les dijo fueron: "¡La paz esté con ustedes!" (Juan 20:19).

Legítimamente podemos reconstruir ese momento. Los discípulos están reunidos y aún tiemblan de miedo. Estoy seguro que ante la mirada del Señor experimentaron una mezcla de alegría y de vergüenza porque Jesús estaba vivo –vergüenza porque lo habían abandonado–. ¿Cómo podrían mirarlo a la cara, a los ojos, si ellos mismos lo habían traicionado? Estoy seguro que Pedro había padecido pesadillas al recordar el contacto visual que tuvo con Jesús en el momento en que negara conocerlo ante los simples comentarios de una muchacha (Lucas 22:61). Y lo cierto fue que en la mirada de los ojos de Jesús no vieron ni furia, ni reproche, ni disgusto, sino ternura, amor, bienvenida y acogida. Aquel perdón total y radical que había sido el distintivo de su vida y de su ministerio es el mismo que Jesús ahora les ofrece a ellos. No porque estos discípulos hubieran hecho lo correcto, no porque no le afectara el que lo hubieran abandonado en el momento de mayor necesidad, sino porque el amor de Dios es más grande que la ofensa más grande. Jesús vino a rehabilitarnos mediante el amor y no a condenarnos con una estricta rigidez. Las heridas permanecen allí y la pena está aun presente, pero el veneno de la venganza y la exigencia de las represalias se ha disuelto en el perdón del amor.

Los lazos de hermandad y de comunidad que se habían destrozado por la traición, ahora se han restablecido y fortalecido aún más. Los discípulos habían visto a Jesús perdonar a los demás, pero ahora son ellos mismos, sus amigos más cercanos (y nadie puede herirte y desagradarte más que aquel a quien más amas), quienes experimentan su perdón lleno de amor y en la forma más ilimitada y aun inmerecida. Dados los valores culturales y religiosos de ese tiempo y los actuales, esto debió constituir una experiencia totalmente insospechada. Jesús les ofrecía perdón no porque los discípulos hubieran reconocido su pecado y hubieran demostrado arrepentimiento, ni tampoco porque Jesús fuera tan débil que no hubiera podido tomar venganza en una forma o en otra, sino porque Jesús ama con un amor nunca visto. Creo que con esta experiencia los discípulos llegaron a tener, un aprecio mucho más profundo del perdón y la reconciliación de lo que jamás hubieran podido imaginar. Comenzaron a experimentar en su propia carne y sangre el perdón que Jesús había venido practicando a lo largo de toda su vida.

Habiendo reagrupado a sus amigos dentro de una comunidad de perdón, Jesús pasó algún tiempo con ellos compartiendo una de sus actividades favoritas: estar a la mesa con los amigos para darles algunas instrucciones finales antes de ascender al cielo. Un poco después, en la mañana de Pentecostés, les envió su Espíritu, tal como se los había prometido. ¡Eso sí que fue como una erupción volcánica de energía espiritual! Fue como aquella primera fuerza creadora que sacó al cosmos del caos (Génesis 1), pero en alguna forma esto fue más maravilloso aún, dado que crecerían nuevos seres humanos que dejarían lo viejo tras de sí. Así como Dios sopló su aliento en la nariz de Adán para darle vida (Génesis 2:7), así Cristo sopla su aliento en los "viejos humanos" para darles una nueva vida (Juan 20:22). Seres humanos vengativos y destructivos serán ahora seres humanos que perdonan, creadores de una nueva comunidad de amor.

¿No son galileos todos los que hablan? –Hechos 2:7

En Pentecostés, muy de repente, aquellos galileos a quienes antes resultaba difícil entender debido a su pesado acento, ahora hablaban en una forma que todos pueden entender. Los mismos galileos que se habían paralizado de temor ahora salían libres de miedo a los espacios públicos a confesar que Jesús, el mismo que había sido crucificado, ¡había resucitado y era el Señor de la salvación!

Los galileos que antes no tenían nada de valor para ofrecer, no obstante ¡Ahora poseían lo mejor y lo más valioso para la vida! Ciertamente, "la piedra desechada por los constructores" (Mateo 21:42; Marcos 12:10; Lucas 20:17–18) ahora llegaba a ser esa piedra angular de la nueva humanidad. Los imperios no serían derrumbados, no obstante una nueva fuerza los invadiría en formas totalmente insospechadas. Los reinos no se atraparían unos a otros, pero un nuevo reino de amor universal esparciría su poder a todos los reinos. Imperios y reinos no serían conquistados, sin embargo, las mentes y corazones de los pueblos serían cautivados por esta nueva familia de Dios a la que ahora todos pertenecen.

¿Cuál era esta fuerza que no conquistaría reinos terrenales pero sí la mente y el corazón de hombres y mujeres de todas partes? Era el poder del Señor resucitado ahora hecho presente en la comunidad de sus seguidores. Cristo no sólo resucitó de la muerte, ha resucitado dentro de la vida de todos sus seguidores. Todas estas personas son realmente re-creadas, tanto es así que pueden repetir fácilmente las palabras que San Pablo repetía: "Ya no vivo yo, sino que es Cristo quien vive en mí" (Gálatas 2:20). Este nuevo grupo no va a salir a esconderse para formar una especie de secta de los "elegidos", sino que más bien, salieron a vivir sus vidas de tal manera que personas de todas las clases, religiones y grupos étnicos fueron atraídos a "el camino". Aun a costa de grandes sacrificios, muchos quisieron llegar a pertenecer a este nuevo grupo que ya no podría clasificarse de acuerdo a algunas de las categorías con las que el mundo clasifica; ya que este grupo fue inclusivo, estaba abierto para recibir en su seno a todos sin ninguna excepción. No nos admiremos de que la gente comenzara a hablar de los primeros cristianos como "la tercera raza".

Aquellas fronteras anteriores de separación ya no tenían poder sobre la nueva fuerza de unidad que fue emergiendo y esparciéndose. Títulos de nobleza y sacerdocio rápidamente se relativizaron frente al nuevo título descubierto por quienes se unían al nuevo grupo: hermano y hermana. Si es cierto que Dios en verdad es nuestro Padre, entonces nosotros, sin tener en cuenta cómo el mundo nos mire y catalogue, somos hermanos y hermanas. Así como Jesús le dio la vuelta a muchas nociones y costumbres de su tiempo; también transformó el significado del "Padre", de aquella figura patriarcal autoritaria, dominante y controladora a la figura de un Padre misericordioso que une a la nueva familia con ternura, compasión, perdón y amor. De igual manera cambia la imagen y el significado jerárquico de "familia" por uno de igualdades en el amor y cuidado dentro de la cual el sexo, la edad, el estado o la palabra no marca alguna diferencia.

Esta no fue una religión complicada ni de esotéricos misterios. De hecho, fue la sencillez la que atrajo a tantos seguidores, una sencillez al reconocer el verdadero valor de la vida y una simplicidad al unirse al grupo de seguidores recientemente descubierto. Fue todo tan sencillo y tan humano que algunas personas religiosas los llegaron a considerar como ateos. Los cristianos podrían no tener muchos de los bienes de este mundo, tampoco tendrían títulos nobles y ni siquiera aparecían como personas importantes ante el mundo; pero lo que sí valía ahora para ellos era este tesoro, el más grande de todos: la íntima paternidad de un Dios lleno de amor y de cuidado que vivía en esta nueva comunidad de amor, oración, estudio, cuidado de unos con otros, y mediante la celebración de "la fracción del pan" (Hechos 2:42). Jamás fue esta una comunidad excluyente. ¡Estuvo abierta a todos desde su mismo comienzo! Tu identidad, estado social o incluso tu pasado, nada tenían que ver allí.

No era importante si eras puro o impuro, ciudadano o extranjero, rico o pobre, judío o no judío (gentil), hombre o mujer, libre o esclavo, sacerdote o persona laica, intelectual o analfabeto. Tú siempre eras bienvenido; aun más, ¡de todas maneras y en todo momento se deseaba tu pertenencia, tu participación e inclusión dentro de esta comunidad! Lo que se tenía en cuenta era la aceptación del Señor en tu vida.

El gozo y la alegría que esta nueva comunidad mezclada experimentó fue tan grande que brotó en espontáneos cánticos de alabanza y acción de gracias. Estoy seguro que aunque algunas personas extrañas no pudieran entender de lo que se estaban hablando, sí captaban el profundo lenguaje de su alegría, gozo y el *ágape*. Esto fue muy claro para mí cuando comenzamos a proyectar en televisión la misa en la Catedral de San Fernando, en San Antonio, Texas para todos los Estados Unidos de América. En esa época, la misa era en español y la intención era hacerla llegar hasta las personas hispanohablantes que carecían de la celebración en algunas de sus iglesias locales. Casi desde el principio comenzamos a tener participantes que no hablaban español. Y ni una sola persona de entre ellos nos sugirió que nos pasáramos al idioma inglés, al contrario, comenzamos a recibir notas muy bonitas que básicamente expresaban lo mismo: "No entendemos lo que dicen, pero esto no tiene importancia realmente porque la celebración es tan hermosa y tan alegre que sabemos que estamos en la presencia de Dios". Muchos viajarían hasta San Antonio precisamente para asistir a la misa en San Fernando. Una mujer irlandesa de edad avanzada escribió: "Yo soy un poco vieja y pienso mucho en la muerte. Si el cielo va a ser algo así como sus misas, no puedo esperar más para llegar allá". Personas que iban a San Fernando expresaban con frecuencia la hermosa bienvenida y la atención que experimentaban al participar allí. ¡Así fue la fuerza trasformadora de la primera comunidad cristiana! Nunca con gente de mucho poder para dominar a los demás, sino mediante personas que atraían a todos con la alegría y el gozo, que es la expresión de una comunidad de amor.

¡Ven, Señor Jesús! –Apocalipsis 22:20

No hay duda de que como cristianos esperamos la venida final de Cristo en toda su gloria al final de los tiempos. Mientas tanto, Cristo no nos ha dejado solos. Está mucho más presente entre nosotros, especialmente en los galileos de nuestro mundo: los pobres, marginados y desheredados de la sociedad. En el llanto y la lucha de los pobres y los marginados nos damos cuenta de que la obra de Cristo que construye el Reino de Dios aun no está completa. En sus luchas y sufrimientos escuchamos aquel grito urgente: "¡Ven, Señor Jesús!". Asimismo, estamos ciertos de que Jesús no sólo vendrá al final de los tiempos, también viene hoy a nosotros.

Cristo está muy presente en las luchas de los trabajadores agrícolas para alcanzar un salario justo y mejores condiciones de trabajo. Cristo se hace presente en las luchas por organizar las comunidades en la justicia dentro de nuestra sociedad en toda América. Cristo existe también en las luchas de quienes trabajan por construir una humanidad mejor. El mismo Espíritu transformador que los primeros cristianos experimentaron en Pentecostés, ese mismo Espíritu está presente hoy en las comunidades y en las celebraciones de los cristianos pobres en su lucha por la justicia y la sobrevivencia. He tenido la oportunidad de palpar este Espíritu en muchas comunidades de cristianos pobres alrededor del mundo, algo que también pueden testificar muchos misioneros. Debo añadir que esta misma experiencia también la he tenido en mi propia ciudad de San Antonio, ciudad de la que muchos galileos de nuestro tiempo han hecho su hogar.

CAPÍTULO 12

Si Jesús hubiese vivido en San Antonio

Entonces Jesús les dijo: "No teman, digan a mis hermanos que vayan a Galilea; allí me verán".

–Mateo 28:10

¿Pueden imaginarse que hoy están viendo a Jesús? Es muy claro que Jesús no les está diciendo a sus discípulos de las generaciones futuras que a fin de verlo tendrán que dirigirse físicamente a Galilea; no obstante, estoy seguro de que Jesús da a entender que a fin de verlo y conocerlo bien, para entender lo que fue, necesitamos conocer su vida tal y como la vivió durante su estancia entre las ciudades de Galilea y Jerusalén. La fuerza hermosamente redentora de sus acciones y de sus palabras emerge clara y contundentemente en el contexto de la realidad cultural y social de su tiempo. La periferia empobrecida y colonizada de Galilea se convirtió en el nuevo centro de la intervención divina en donde un campesino sencillo emergió como el primogénito y heraldo de la nueva humanidad.

Así pues, ¿quieren ver, entender y apreciar a Jesús hoy? No puedo pensar en otra mejor manera que la de entrar en la vida de quienes están viviendo experiencias y luchas similares en nuestro propio tiempo; en la experiencia de vida de quienes viven en las "Galileas" del mundo de hoy; de quienes tratan de sobrevivir al margen de las encrucijadas de la civilizaciones contemporáneas. Así podrá obtenerse una perspectiva más amplia de las acciones y palabras de Jesús que con el sólo estudio de los textos, en especial si se leen fuera de su contexto, jamás llegarán siquiera a soslayar. Las experiencias culturales concretas de la gente se convierten en "unos anteojos" buenísimos a través de los cuales leemos los evangelios. Asimismo, estas experiencias sirven como parábolas y ejemplos que nos ayudan a comprender los evangelios. Cuando se leen los evangelios de esta manera, estos a su vez se convierten en medios de interpretación mediante los cuales nuestra propia vida y nuestras constantes luchas adquieren un nuevo sentido, una nueva dirección y un hermoso significado.

Al leer los excelentes estudios que se han hecho acerca de Galilea, la tierra donde Jesús inició y llevó adelante la mayor parte de su ministerio, cada vez afianzo más la idea de que si Jesús viviese físicamente en nuestro tiempo, habría vivido en una región parecida a San Antonio, Texas, o mejor aun, en uno de los pequeños poblados que lo circundan: Stockdale, Floresville, Las Gallinas, Panna María o Elmendorff. Cafarnaúm sería para San Antonio lo que Nazaret sería para cualquiera de estos pequeños poblados rurales. Creo que Jesús hubiese formado y acondicionado fácilmente su taller de carpintería cerca de una de las casas que habitamos en uno de los barrios de San Antonio.

Texas Galilea

La situación de la gente mexicoamericana en Texas, al suroeste de los Estados Unidos de América, ha sido muy similar a aquella de los judíos en Palestina. En tiempos de Jesús, Galilea era una colonia del Imperio Romano que había adoptado muchos rasgos de la cultura griega, la que a la vez era una combinación de culturas de Oriente y Occidente. Mediante los esfuerzos de Alejandro Magno, en cuanto a la mezcla cultural se refiere, la cultura griega no sólo había dominado e influenciado enormemente el mundo de su tiempo, y en especial Palestina, sino que igualmente había incorporado muchos de los rasgos de los mismos pueblos que había conquistado. Las conquistas previas hechas por los Imperios de Babilonia y de Persia habían dejado también su influencia cultural en la tierra de Jesús. Los intercambios culturales, conscientes o inconscientes, habían tenido lugar de muchas maneras. Al igual que los judíos, los nativos de Texas y los mexicoamericanos de Texas han experimentado varias invasiones y formas de dominación extranjera. Han sido conquistados y colonizados primero por España, luego por México, después por la República de Texas, por la Confederación del Sur, y aun por los Estados Unidos de América. Al igual que los judíos de Palestina, también éstos han sido dominados e influenciados por varios pueblos que han venido a establecerse y a instalarse por sí mismos en esta tierra.

Jesús bien hubiese podido haber sido un carpintero mexico-americano con su vida y trabajo en Texas, lo que antes perteneció a México y ahora es, como algunos gustan llamarlo "una colonia interna de los Estados Unidos". Tal vez no hubiese sido el más pobre entre los pobres, pero seguramente sí uno de las numerosas personas pobres, marginadas e insignificantes al margen de la sociedad dominante. Su primer idioma, su lengua madre, bien hubiese podido ser el español en lugar del arameo. Hubiese hablado un inglés "chueco", con mala pronunciación –quizá la mezcla de español e inglés que llamamos "tex-mex"–, es algo así como un griego mal pronunciado. Hubiese asistido a una escuela de gente pobre que lo hubiese dejado de lado como alguien no elegible para la educación superior o para los estudios de un seminario. En lugar de la sinagoga, su iglesia parroquial mexicana hubiese sido el sitio para pasar el tiempo en celebraciones de las fiestas de su gente y de su pueblo, donde aprendería lo relacionado con Dios y con las tradiciones de muchísimas personas.

A semejanza de los judíos galileos, las personas mexicanas del área bien pueden ser pobres y estar sometidas bajo el poder de un gobierno más fuerte, terratenientes y gente de negocios, pero jamás han perdido su sentido de dignidad y orgullo; la mayoría de ellos tampoco ha claudicado en su fe. Algo que para ellos no es negociable o cuestionable es su fe y confianza en "la Divina Providencia", que la expresan por medio de Jesús Nazareno y Nuestra Señora de Guadalupe. Esto es lo que ha ayudado al pueblo texano a resistir todas las dificultades que hayan aparecido en su camino y no han quebrantado su espíritu ni se han desilusionado de la vida. Han sufrido muchos insultos y han padecido muchos abusos, pero jamás han perdido su amor a la vida y a la fiesta. De hecho, son las fiestas religioso-culturales las que los mantienen fuertes, juntos y vivos. En realidad, es esta fe incuestionable la que ha dado a los méxico-americanos pobres la esperanza contra toda esperanza de que Dios triunfará y un día todo será mejor. *Esperemos en Dios* es una expresión frecuente en boca de la gente; es una manera común de clamar: "¡Ven, Señor Jesús!". Esto nada tiene que ver con alguna expresión de fatalismo, como lo expresó un académico, al contrario, es la seguridad plena de que la justicia divina levantará a los pisoteados y enderezará lo torcido de la sociedad. Es esta esperanza en una lucha aparentemente inútil, la que, no sólo mantiene viva a la gente sino que, es la base de la dicha y la alegría que se experimenta en las fiestas del pueblo.

Jesús creció en un pueblito en donde la vida estaba centrada alrededor de la sinagoga que semejaba a una familia judía religiosa. Así mismo, en la "religión casera" de nuestros hogares, las oraciones básicas, las bendiciones y los contenidos de la fe, se aprenden en el hogar, mientras que la parroquia católica mexicana local es el centro de nuestra vida social y religiosa. Es el único sitio en donde podemos ser nosotros mismos, sin tener miedo ni disculparnos por ser lo que somos. Un ocasional peregrinaje a Jerusalén y al Templo era el sueño y el anhelo más alto de la gente judía que vivía en Galilea, igual que para toda nuestra gente es un sueño el ir en peregrinación al Tepeyac al menos una vez en la vida.

No parece que Jesús haya tenido una educación formal, pero sí estaba lleno de un profundo amor por su tradición judía. Aprendió lo esencial de su fe gracias a sus padres y familiares. Estoy seguro que al igual que en muchos poblados mexicanos, también en

Nazaret casi todos se relacionaban unos con otros de una manera u otra. Probablemente Jesús no conocía la complejidad teológica de su religión, al menos como la exponían los estudiosos de la fe, no obstante, estaba lleno de la sabiduría teológica de los habitantes de los pequeños poblados, quienes habían ponderado en su corazón el significado de la tradición de su fe y lo habían tratado de aplicar a su vida diaria. Posiblemente Jesús no era experto en todos los rituales litúrgicos del Templo, pero con seguridad sí conoció, amó y practicó las devociones religiosas populares de su gente. Jesús conoció bien las Escrituras, no porque las hubiese estudiado formalmente con la ayuda de algún profesor académico, sino porque las escuchaba frecuentemente en la sinagoga, de labios de la gente ordinaria de su tierra –de aquellas mismas personas a las que frecuentemente se les consideraba como pecadores públicos, debido a su ignorancia en los miles de detalles de la ley y debido a su constante relación con los paganos–. De esta misma manera ha sido como mucha de nuestra gente ha aprendido lo básico de nuestra fe católica y así la han transmitido a los demás, igualmente, estas prácticas nuestras y devociones a menudo se malinterpretan y ridiculizan por algunos expertos de la religión.

No hay duda de que Jesús fue un verdadero judío. También es cierto que, al mismo tiempo, no podía dejar de estar profundamente influenciado por otros grupos étnicos que convivían en la región, especialmente por la cultura griega de su tiempo. El Helenismo fue tenido en alto por muchos, en especial por algunos judíos aristocráticos que lo veían como una cultura superior. Aquella persona que quisiera ser alguien mejor, buscaría asimilarse al estilo de vida griego, aun hasta el punto de disimular su circuncisión. Se esforzaban en llegar a ser helenizados mientras permanecían judíos en forma muy endeble. Un deseo semejante de "americanizarse" es fuerte entre la aristocracia mexicana y con frecuencia, hasta llegan a ridiculizar el esfuerzo de los méxico-americanos que se sienten y mantienen orgullosos de su herencia cultural mexicana en tanto que se ajustan a una recta integración a la vida en los Estados Unidos de América.

La gente de Galilea trataba de mantener la pureza de sus formas judías, pero no le era posible detener la intrusión de otras culturas. Quisiera helenizarse o no, por el sólo hecho de vivir en esa región del mundo, en este tiempo particular, algunos elementos de la cultura griega llegaban a ser parte de la vida y el pensamiento de la comunidad judía. Nosotros, en Texas, ciertamente hemos experimentado esto, no importa cuan mexicano uno quiera permanecer, la cultura estadounidense penetra nuestra alma y llega a ser parte de nuestro ser. No dejamos de ser mexicanos, no obstante, nos vamos americanizando gradualmente, nuestro propio ser es como una síntesis que va evolucionando. Y lo que es cierto, nos han distanciado de ellos tanto los mexicanos como los anglo-americanos. Ambos nos miran por debajo como impuros y contaminados, ridiculizan nuestra manera de hablar y nos consideran como inferiores a ellos.

La opresión a la gente mexicana de Texas ha sido integral, total, completa. Ningún aspecto de nuestra vida ha quedado inmune, intacto o sin cicatrices. La opresión no ha sido sólo económica (han reemplazado a los esclavos después de la eliminación de la esclavitud en el Sur), también ha sido lingüística, cultural y religiosa. Las escuelas han sido de baja calidad; de esta manera, la gente permanece en la ignorancia. La cultura mestiza ha sido estereotipada por la cultura dominante como inferior e incapaz, el idioma español de esta región ha sido marcado como señal de atraso y nuestras prácticas de catolicismo mestizo se han considerado paganas y supersticiosas tanto por pastores protestantes como por el clero católico. Creo que muchas de las prácticas galileas fueron vistas de igual manera por los expertos en la religión, de esos que circundaban en el Templo.

Sin embargo, es verdad que al igual que los judíos de Galilea, la gente mexicana de Texas ha mantenido un profundo sentido de identidad, de orgullo y gratitud a Dios por ser lo que somos. Como mi abuelita solía decir cuando escuchaba comentarios sucios acerca de nuestra gente: "Pidamos que Dios los pueda iluminar; ellos son muy ignorantes respecto a lo que es la verdad". Siempre se siente un poco de dolor y aun a veces un poco de bochorno y vergüenza que llega hasta lo profundo de nuestra alma, pero siempre permanece un sentido de seguridad de que Dios triunfará a nuestro lado.

Yo nací y crecí en una de las nuevas colonias o barrios de San Antonio a las orillas de la ciudad. Desde el Tratado de Guadalupe-Hidalgo, cuando cerca del cincuenta porciento del terreno mexicano fue arrebatado por los Estados Unidos de América, la gente mexicana que vive en el Suroeste ha estado como si fuera una colonia interna de los Estados Unidos. Al igual que los judíos de Galilea, vivimos bajo un gobierno colonial y hemos sido tratados como un pueblo colonizado –como extranjeros en nuestra propia tierra–. Sí, al igual que los judíos de Galilea, hemos permanecido orgullosos de nuestra lengua y de nuestra herencia al grado que las continuamos viviendo y celebrando. No obstante, si damos una mirada a las condiciones de pobreza en México y a la falta de oportunidades de superación que padecen los peones y los pobres en México, nos sentimos contentos de estar en los Estados Unidos de América. Me asalta la sospecha de que José, el esposo de María, se debió sentir de esta manera al vivir en Galilea –era con mucho una buena tierra y el vivir lejos del centro del poder traía sus ventajas–.

Mi papá siempre estuvo muy orgulloso de ser méxicoamericano; asimismo, estuvo muy contento de vivir en los Estados Unidos. De hecho, admiró muchas de sus ventajas como la tierra de la libertad y de las oportunidades, aun cuando le parecía que mucha gente era arrogante y prejuiciosa. Le agradaba contar chistes acerca de esto y decía: "¡Ni hablar, algunas de nuestras gentes son peores!". Acostumbraba decir: "Si viviera en México, tal vez sería un peón que tendría que dar cuentas a un patrón grosero. ¡Aquí tengo la libertad de ser mi propio jefe!". Precisamente, su mayor satisfacción fue el hecho de que él fue su propio jefe.

Crecí en un barrio de antiguos residentes méxico-americanos y de inmigrantes, todos eran buenos trabajadores y gente sencilla de una gran sabiduría e integridad. Algunos de los residentes más antiguos frecuentemente decían: "¡Nosotros no cruzamos la frontera, la frontera nos cruzó a nosotros!". Aun puedo recordar las fascinantes discusiones filosóficas que los hombres sostenían en el patio trasero de nuestra casa mientras las mujeres hacían sus compras. Todos eran muy mexicanos, pero igualmente, estaban contentos de vivir en los Estados Unidos de América donde podrían crear sus propios negocios y ser sus propios patrones.

Habían venido de una tierra de campesinos y de patrones tiranos para crear una nueva sociedad que les permitía gozar de dignidad y libertad. La iglesia parroquial, como la sinagoga en los poblados judíos de Galilea, era el centro de nuestra vida social y religiosa. Amábamos y cultivábamos con afecto nuestras tradiciones mexicanas-mestizas de nuestro catolicismo con sus muchas y coloridas ceremonias, procesiones, peregrinajes, santuarios, cantos, devociones y decoraciones. La iglesia nunca era aburrida pues hasta los ronquidos de los mayores proveían un buen entretenimiento durante las ceremonias. ¡Un peregrinaje al Tepeyac para visitar a Nuestra Señora de Guadalupe, al menos una vez en la vida, era algo de obligación! Jamás he podido olvidar mi primera peregrinación al Tepeyac, probablemente a la misma edad que tuvo Jesús cuando hizo su peregrinaje a Jerusalén. Fue como entrar en el vientre de los orígenes de nuestro pueblo y experimentar la íntima conexión no sólo de unos con otros, sino con las generaciones que nos precedieron y con las generaciones que nos seguirán, y aun más, la conexión con el cosmos en su totalidad. Nadie tenía que explicarnos esto, era definitivo que lo experimentábamos. Desde la experiencia de la iglesia parroquial al Tepeyac, desde la sinagoga al Templo de Jerusalén, la religión es la verdadera base del ser y la identidad de ambos, de los galileos y de los mexicanos. Somos pobres según la medida de la sociedad y somos considerados inferiores por muchos de la sociedad dominante, pero nuestra religión nos provee un espacio sagrado donde podemos experimentar un sentido profundo de dignidad, identidad y pertenencia.

Mientras crecía en San Antonio, las divisiones raciales eran rígidas y la ley las apoyaba. Los negros eran sacados y puestos aparte sin problema alguno. Pero había otras divisiones raciales que también eran marcadas en San Antonio y en todo el país. A los mexicanos no se les permitía meterse en las piscinas, excepto los miércoles cuando la piscina se limpiaba después de cerrarse. Muchos restaurantes rechazaban servirnos, las iglesias católicas no-mexicanas nos corrían y nos decían que nos fuéramos a la iglesia mexicana, y las escuelas trataban de convencernos de que no teníamos lo necesario para poder llegar a la universidad. Si las divisiones raciales y étnicas estaban a la orden del día, también lo estaban las divisiones religiosas. Aquellos eran días anteriores al ecumenismo y la religión era otra barrera muy fuerte mediante la que separaban a la gente. ¡Nunca se nos permitía ir a la iglesia de otros! La segregación racial, étnica, religiosa, clasista y de género era vista y aceptada como la forma que Dios había trazado para la humanidad.

Claro que en nuestro barrio y, especialmente en la tienda de mi papá, las cosas eran completamente diferentes; me imagino que era algo muy parecido a lo que podría haber sucedido en el taller de carpintería de José y de otros pequeños establecimientos de Galilea. Negros, judíos, bautistas pobres, metodistas blancos, y por supuesto, también mexicanos venían a la tienda a hacer sus compras y a hacer amigos. Yo mismo crecí con amigos de varias razas, de diferentes grupos étnicos y religiosos. Todos amaban lo que eran, y tenían muy buenos chistes para contar acerca de su propia raza o grupo étnico, ¡inclusive de sus propias iglesias! Todos eran fieles a su iglesia o su sinagoga, pero esto no les impedía decir algo chistoso acerca de sus ministros o sus tradiciones. ¡A veces parecía que era una competencia para ver cuál era la religión más divertida o más alocada! Era muy divertido. Claro que nunca se desafió o cuestionó la fe de ninguno de ellos. Teníamos un profundo respeto por cada uno, y esto era precisamente lo que nos facilitaba el hacer chistes entre nosotros, todos juntos.

Esta forma buena y natural de hacer chistes fue una forma sencilla y profunda de afirmar con gratitud y orgullo lo que era cada uno de nosotros, mientras que al mismo tiempo reconocíamos que Dios era más grande y estaba más allá de toda limitación. Esto nos evitó el idolatrar nuestras propias tradiciones religiosas por encima de las demás. Ninguno de nosotros cuestionaba la verdad de los contenidos de nuestra propia fe, mediante nuestra amistad y buen humor, nos enriquecíamos constantemente unos a otros con nuestras diferencias. Hubiera sido muy insípido y aburrido el que no hubiera diferencias.

De nuestros amigos negros comencé a admirar la naturaleza expresiva de la experiencia pentecostal. De nuestros amigos judíos desarrollé un gran amor por los profetas del Antiguo Testamento y cómo su fe los hizo capaces de sobrevivir varias persecuciones. De nuestros amigos protestantes blancos aprendí el amor a la Biblia y una predicación grandiosa. Con frecuencia, los demás comentaban que amaban nuestros rituales católicos. Mediante todo esto, mi fe católica no estaba vacía, al contrario, se ampliaba muchísimo. ¿Cómo no imaginar a Jesús como parte de este grupo, con preguntas para todos y cada uno, unido a los demás, tanto en la sabiduría como en la risa y el buen humor?

Mientras que el resto de la sociedad continuaba construyendo barreras de segregación, la tienda de mi papá era, así lo veo hoy, muy parecida a la mesa de hermandad y amistad de Jesús en Galilea: cada uno se sentía bienvenido y era en verdad apreciado.

Las barreras de la sociedad que usualmente segregan y deshumanizan, con facilidad eran traspasadas sin que esto escandalizara a alguien –excepto para el sacerdote local y para el ministro protestante, quienes juzgaban que la gente de sus congregación no podría andar por ahí mezclada con los demás–. Pero esto no nos molestaba mucho a ninguno de nosotros. Al gozar de un buen tiempo juntos, las barreras de la separación se disolvían y lo hermoso de cada uno de los presentes se translucía para todos. Médicos de la raza blanca, comerciantes judíos y trabajadores mexicanos podían gozar de una cerveza y de una buena conversación sin ninguna preocupación. A medida que he ido creciendo, sigo apreciando más esta experiencia formativa de mis primeros años, la que me ha mostrado el gran potencial que se encuentra cuando la gente de grupos diversos se reúne y se une, no para que todos resulten en lo mismo, sino para combinar las diferencias con un resultado enriquecedor. Cada persona tiene mucho para dar y recibir. Precisamente en nuestras propias diferencias, cuando nos unimos en amistad de hermandad, la creación comienza a emerger, a aparecer. Con frecuencia me maravillo de pensar que Jesús pudiera haber tenido los mismos pensamientos mientras crecía en Galilea. En la providencia de Dios, esto constituyó una gran preparación para la inauguración de la humanidad nueva en el Reino de Dios.

Redención: viva la causa

Jesús fue un judío ferviente en la Galilea de los gentiles en una época en el que el judaísmo experimentaba un despertar orgulloso y fervoroso. Muy parecido a aquellos días del movimiento méxicoamericano en los Estados Unidos en la década de los años 60 y 70. Los judíos estaban en búsqueda en Galilea de "volver a los orígenes… volver a nuestro paraíso perdido". Parecido a los méxicoamericanos que vivían en los Estados Unidos, los judíos galileos luchaban por retener, redefinir y celebrar su identidad judía en el contexto de la influencia creciente y penetrante de la dominación del mundo greco-romano. Sin interesar cuánto quisiera nuestra gente permanecer "puramente mexicanos", no podrían frenar la influencia de la cultura angla, al igual que los judíos de Galilea que tampoco podían evitar ser helenizados. Esto está sucediendo hoy con la americanización del mundo entero; quiéranlo o no las naciones, esto es lo que está sucediendo. Y es cierto, ¿los grupos étnicos tienen que ser pisoteados o morir por el pueblo para llegar a tomar parte en la comunidad global emergente?

¡En la Palestina de Jesús, la redención estaba en el aire! Dios ofrecería al Mesías y liberaría al pueblo judío de los poderosos opresores. Por nuestra parte, experimentamos un sentimiento similar después de la Segunda Guerra Mundial. Comenzaron a surgir líderes carismáticos en el Suroeste. Para algunos, nuestra liberación vendría con la completa restauración de Aztlán, la mítica tierra de nuestros orígenes, algo así como los judíos buscaban la restauración del Reino de David.

En el inicio de este movimiento de liberación, parecía que cada "gringo" era malo y contaminado. Algunos pensaban que tendríamos que purificarnos de todas las influencias que nos contaminaban desde los Estados Unidos de América. En el lado opuesto de esta lucha, otros sentían que deberíamos abandonar todo lo mexicano, nuestra lengua, religión y cultura y "anglosajonizarnos" totalmente.

Les parecía a estos que sólo una asimilación completa hacia las formas del dominador nos liberarían de la oscuridad de la ignorancia y de las ataduras de la opresión. Los movimientos de liberación estaban en el aire por todas partes, pero había mucho desacuerdo en qué significaba liberación y en cuál sería la nueva vida de libertad. Puedo bien imaginar que muchas preguntas semejantes vendrían a la mente de Jesús mientras trabajaba y se reunía a conversar con otras personas de su pueblo.

Yo mismo estuve en medio de estos movimientos y estaba muy confuso respecto a qué era lo correcto y acertado. ¿Deberíamos asimilarnos completamente y limpiarnos de todo antecedente mexicano, tal vez guardando sólo algo externo como el Mariachi y la comida mexicana? O ¿Tendríamos que aculturarnos, es decir, acomodarnos externamente mientras manteníamos nuestra alma mexicana? O yendo al otro extremo, ¿deberíamos rechazar todo lo de la cultura angla y buscar cómo revivir la antigua cultura mexicana, purificada de la influencia española que vino con la conquista de 1521? Para algunos, la única solución era purificarnos nosotros mismos de toda influencia extranjera y reclamar la pureza de nuestras antiguas formas ancestrales de los nativos de esta tierra. Y esto no sólo eran ideas o teorías, eran convicciones apasionadas que inflamaban estos movimientos de liberación y tenían a nuestra gente dividida.

En estas precisas esperanzas y luchas de liberación de un pueblo oprimido y colonizado, ¿no podemos ver y apreciar las variadas expectativas de la redención mesiánica de los tiempos de

Jesús? Todo mundo lo deseaba y ansiaba la liberación, pero había poco acuerdo respecto a cómo debía llevarse a cabo tal liberación. ¿Podría alguien ser capaz de sacar al pueblo de esta confusión y de verdad ganar la liberación para ese pueblo? ¿Podemos imaginar a Jesús en medio de estos conflictos y tensiones en la Galilea de entonces o en el Texas de hoy? ¿Se habría unido a algunos de estos partidos o a alguno de estos *movimientos?* ¿Podemos imaginar a Jesús en lucha con asuntos semejantes, en especial antes de su Bautismo, y aun más, durante toda su vida? ¿Habría Jesús hecho su trabajo tranquilamente e ignorado los movimientos de su pueblo, "que se haga la voluntad de Dios"? O ¿Habría algo más que Jesús podría hacer, algo insospechado, algo en lo que los demás no habrían siquiera imaginado?

En mi afán y búsqueda por entender el verdadero camino de la liberación, mantengo en mi mente y en mi corazón dos momentos clave. El primero es descubrir que el mestizaje anglo-mexicano no fue una carga sino un don. No fue algo de lo que hay que avergonzarse; yo mismo, no soy ni mexicano ni estadounidense, soy alguien totalmente nuevo, una nueva realidad de la cual me enorgullezco con gozosa gratitud. No somos ni un pueblo ni el otro, sino que somos los orgullosos y hermosos hijos e hijas de ambos. En nuestro mismo cuerpo y espíritu compartimos la rica herencia de ambos. Y esto, ciertamente, es una bendición incomparable. El reconocer esto es lo que nos abre a un camino de ser totalmente, existir, pensar y comprender.

El segundo momento básico vino al descubrir que solamente podemos pasar del dolor y el oprobio del "no-ser" al gozo, la alegría y el orgullo del "nuevo ser", en y por medio de Jesús de Nazaret. Fue precisamente en es aspecto tan especial y propio que se encuentra en el contexto cultural y religioso de la vida del Mesías y en la identidad de Jesús de Nazaret donde podemos encontrar el verdadero significado de nuestra vida y de nuestra búsqueda. Nuestra situación tan propia y especial de vivir "en medio" puede darnos nuevas intuiciones en la vida y en la misión mesiánica de Jesús de Nazaret, el Salvador, y al mismo tiempo, esa identidad mesiánica y sus caminos de salvación son la noticia que nos sana y nos libera.

Un Mesías mestizo: "ni judío ni gentil"

Imaginemos a Jesús que crece como méxicoamericano en un poblado rural en Texas. Tengo la sospecha de que nadie, ni aun su familia, ni siquiera sus parientes cercanos habrían esperado algo especial de él. Después de todo, el camino ordinario de la vida que se esperaba para un joven era estar por ahí y tomar para sí los trabajos domésticos que sus padres les dejaban. Avanzar, mejorar o superarse no estaba en la mentalidad de la gente, la subordinación, la paciencia y conformidad parecía que era lo normal y la regla a seguir. Ciertamente que hubo algunos visionarios locos que ocasionalmente levantaban las esperanzas de un cambio en la gente y una mejora de la situación, pero en general, no llegaban a mucho. Parecía que nada bueno podría resultar de los judíos de Galilea ni de los méxicoamericanos de Texas.

Jesús salió de Galilea para ofrecer una nueva esperanza al pueblo, comenzando por los más pobres de entre los pobres, los lisiados, los enfermos, los impuros según la ley y todas aquellas personas que estaban de alguna manera marginadas por la sociedad. Los excluidos experimentarían un nuevo sentido de identidad y pertenencia cuando siguieran a Jesús. ¿Sabía Jesús que él sería el Mesías? Los especialistas no se ponen de acuerdo, pero lo que sí es claro es que algunas personas lo vieron como tal.

Aun hoy día, los estudiosos no logran ponerse de acuerdo en quién fue Jesús. Los líderes lo consideraron como una persona problemática, un poseído por el demonio, un blasfemo (Marcos 3:21) y como amigo de borrachos y pecadores. Así, igualmente, nuestros líderes del movimiento méxicoamericano pronto fueron encasillados como personas problemáticas, no-americanos, y aun más, como comunistas. La sociedad dominante siempre trata de desacreditar a los profetas. La palabra del profeta es evidente en sí misma, por tanto, la única manera de silenciar al profeta es desacreditar y destruir su persona.

La propia familia de Jesús no estuvo muy entusiasmada con su misión. Hasta llegaron a pensar que se había vuelto loco y había que traerlo a casa. Lo novedoso de su vida y su misión provocó un entusiasmo tan grande entre las masas populares que causó controversia entre los de arriba. Su ministerio podría fácilmente presentar repercusiones y conflictos para la gente del área de su casa y su poblado. Muchos de los líderes de nuestros movimientos experimentaron una reacción similar. Esto era demasiado, aun para su propia familia, y era algo muy complejo y complicado para que se les entendiera aun de parte de sus propios seguidores.

Al crecer en esta región de grupos étnicos que se influenciaban entre sí, Jesús pudo aparecer como un líder ambiguo. Su visión, su fuerza interior y su carisma le atrajeron muchos y entusiastas seguidores –con frecuencia masas populares y a veces personas extranjeras–. Y es cierto que aun los más fieles frecuentemente lo malentendían. (Mateo 15:16; 16:22–23; Marcos 7:18; 8:32–33), y al final la mayoría de ellos lo abandonaron (Mateo 27:56; Marcos 14:50), inclusive ya en el momento final de la Ascensión todavía le estaban haciendo una pregunta equivocada (Hechos 1:6). Sólo ya al final, luego de un momento de oración y de haber recibido al Espíritu Santo, comenzarían a comprender la verdad acerca de Jesús (Hechos 1–2). Los jefes del pueblo lo vieron como una persona conflictiva, poseído por el demonio, blasfemo (Marcos 3:21), como amigo de borrachos y pecadores (Mateo 11:19, Lucas 7:34). De manera semejante, los líderes de nuestros movimientos mexicanos con mucha frecuencia fueron malentendidos por nuestra propia gente y muy fácil y rápidamente se les etiquetaba como conflictivos, antiamericanos y aun más, la sociedad dominante los tildaba de comunistas. Al inicio de los movimientos en los años 60 y 70, aun algunos líderes de nuestra propia Iglesia nos tildaron de divisivos y conflictivos simplemente porque le pedíamos a la Iglesia que tomara en serio sus propias enseñanzas.

Sin embargo, la ambigüedad de Jesús era mucho más profunda. Tengo la sospecha de que esto podría ser la base del secreto de su mesianismo y la base la más profunda de la oposición tan apasionada que enfrentó de parte de sus propios líderes religiosos. Es muy posible que esta sea también la razón de que hoy día haya doctos estudiosos que tienen tan variadas opiniones acerca de Jesús. Unos afirman que Jesús fue un profeta escatológico que predicaba acerca del inminente fin del mundo. Otros opinan que fue un revolucionario social. Algunos lo ven como Cínico, el filósofo griego, o como un judío con un gran carisma. No faltan quiénes se expresan de Jesús como si fuera un mago. Hay algunos que afirman que fue un hombre judío sabio que poseía la sabiduría de la tradición de las Escrituras Hebreas. Algunos llegaron a llamarlo como el Sócrates judío. Hay muchas y diversas opiniones acerca de Jesús, pero todas coinciden en que fue un judío marginal de la Galilea de los gentiles, como aparece en el título de la obra maestra de John P. Meier respecto al Jesús histórico.

Jesús aparece de muchas maneras como un mestizo –incomprendido por los grupos étnicos ya establecidos, siempre ambiguo y con algo de misterio–. Precisamente ¿quién es tal persona? Por el simple hecho de haber crecido en Galilea, Jesús habría asimilado muchas características de los distintos grupos étnicos de la región. Y es que lo que muchos juzgan como algo negativo, "contaminación étnica", Jesús lo habría convertido en algo positivo. El mismo hecho de que creció en una Galilea multicultural, le otorgó una perspectiva muy privilegiada acerca de la vida, las culturas y las religiones. Nada ni nadie le parecería extraño a Jesús, así él pareciera extraño a todos ellos. Esto es mucho de lo que sucede en la realidad mestiza de la vida de hoy. Es evidente que Jesús fue un judío sólido que compartió las esperanzas mesiánicas de su pueblo y reclamó lo mejor de sus tradiciones judías, atreviéndose a criticar tradiciones de su época a la luz de las auténticas tradiciones de sus antepasados.

Además, puesto que había crecido en un medio fuertemente helenizado, las historias griegas y esas tradiciones, también llegaron a formar parte de su mismo interior. Pudo suceder que en ocasiones diera la apariencia de que actuaba y que hablaba como Cínico, el filósofo griego, con cierta alienación de las masas hasta llegar a sorprender a sus discípulos cercanos. Y es que en verdad, al interconectar las dos realidades, asumió lo mejor de cada una, más allá de los límites particulares y ofreció algo realmente nuevo.

Esto me aparece muy claro en la famosa confesión de Pedro. Pedro confiesa que Jesús es el Mesías, según las expectativas judías, y Jesús lo alaba por esto. Pero enseguida, Jesús pasa a clarificar en términos similares a los del héroe griego, y esto es lo que Pedro ya no entiende (Mateo 16:13–23; Marcos 8:27–33).

He pensado que la raíz más profunda de la ambigüedad y misterio de Jesús, así como la verdadera razón por la que con frecuencia era malentendido aun por sus seguidores más cercanos fue precisamente esta apariencia de Jesús como Mesías judío-héroe griego. No podría ser justamente uno u otro, sino una maravillosa combinación de ambos, de tal manera que abriera así la puerta y el camino para que gente de diversos grupos étnicos pudiera relacionarse con Jesús, ya sea como el Mesías judío (Marcos y Mateo) o como el salvador de toda la humanidad (Lucas). Ninguno de los dos en forma exclusiva. Ambos en la carne de una misma persona. Fue precisamente así como echó por tierra las profundas murallas de la división: ¡el absolutismo étnico-religioso! No hay por qué preguntarse acerca de la razón por la cual el velo del templo se rasgó en dos al momento de su muerte (Mateo 27:51). Ya nunca jamás las religiones étnicas podrían sacralizar las horribles divisiones creadas por la humanidad pecadora. La vida y la misión de Jesús, como la de muchos líderes mestizos, no podrían ser fácilmente apreciadas por aquellas personas acostumbradas al absolutismo étnico-religioso y por quienes viven temerosos de ser "contaminados" al entrar en relación con otros grupos étnicos y con otras religiones. Esta es la razón por la que Jesús y su movimiento continuaría pareciendo "escándalo para los judíos y locura para los paganos" (1 Corintios 1:23). Y así, en su propia carne, une la humanidad:

"Porque Cristo es nuestra paz. Él ha hecho de los dos pueblos uno solo, destruyendo el muro de enemistad que los separaba. Él ha anulado en su propia carne la ley con sus preceptos y sus normas. Él ha anulado en su propia carne la ley con sus preceptos y normas. Él ha creado en sí mismo de los dos pueblos una nueva humanidad, restableciendo la paz. Él ha reconciliado a los dos pueblos con Dios uniéndolos en un solo cuerpo por medio de la cruz y destruyendo la enemistad" (Efesios 2:14–16).

Sólo un mestizo que en su carne fue al mismo tiempo Mesías para el pueblo judío y un héroe salvador para los gentiles (no judíos), pudo llevar a buen término la gran tarea de traer la paz a la humanidad entera. De esta manera, no sólo sería el mediador entre Dios y la humanidad, sino más fascinante aun, el mediador entre los pueblos que antes se habían detestado unos contra otros.

San Agustín, en su comentario al Salmo 126, lo describió con gran hermosura: "El verdadero constructor de la paz (Cristo) atrajo hacia sí mismo dos muros que provenían de diferentes ángulos y él mismo se colocó como la piedra angular. Un muro estaba formado por los creyentes que estaban circuncidados, el otro por los gentiles no circuncidados que tenían fe". ¡Asombroso! ¡Maravilloso! Los muros étnico-religiosos que habían servido para mantener a los pueblos apartados, ahora se transforman en la persona de Jesús en los nuevos muros del nuevo Templo que será el hogar de todos los pueblos de la tierra, el vientre en el que se engendra y da a luz la nueva humanidad, el parque de la alegre convivencia para la formación de una nueva hermandad y amistad.

Si en verdad vamos atrabajar para alcanzar la unidad auténtica de los pueblos, no será pisoteando y haciendo desaparecer a unos por "bien" de otros. Este ha sido el estilo y la forma de actuar de la humanidad pecadora que sólo la ha conducido a la desconfianza, la angustia y al derramamiento de sangre. No hay nada más brutal que las guerras religiosas. Jesús destrozó de manera impresionante el impedimento humano de "este o aquel". Tal destrozo fue tan radical que muy pronto se reconoció como una nueva creación. ¡Jesús es el primogénito de esta nueva creación! Solamente al actuar de esta manera podría ofrecer la esperanza a todos, más allá de privilegiar a un grupo sobre otro. Jesús, en su identidad galilea y en su ruptura redentora, ha iluminado nuestra propia identidad mestiza méxicoamericana y ha clarificado la verdadera esencia de nuestros movimientos de liberación y pertenencia. Puesto que somos ambos en uno solo sin excluir a ninguno de los dos, podemos elevarnos por encima de los muros de separación y división, así podemos celebrar nuestra nueva identidad y trabajar para que todos los pueblos se unan en el amor. Al margen de toda pertenencia exclusiva, estamos llamados a trabajar por la unidad nueva de cada uno y de todos: la piedra que los constructores de la humanidad rechazaron llega a ser la piedra angular que reúne a todos juntos en un nuevo edificio, el único templo del amor universal de Dios.

No tengo la manera de saber cuándo y cómo Jesús procesó su mestizaje para transformarlo de una vergüenza esclavizante a una misión liberadora. No obstante, creo que fueron precisamente sus momentos de oración continuos, prolongados e intensos mediante los cuales buscaba hacer la voluntad de Dios, su Padre amoroso e íntimo que hace salir el sol sobre justos y pecadores (Mateo 5:45), esto es, sobre todas las personas sin excepción. Su prolongada oración en el desierto y sus luchas con las tentaciones ordinarias que enfrentan las personas buenas de su mundo, le sirvieron como purificación. Fue así el inicio de muchos incidentes fascinantes que forman el cuerpo de las narraciones evangélicas. Sólo por medio de la oración intensa podemos salir de la prisión de nuestro propio mundo cultural-religioso. El juicio crítico es importante, pero la intuición que inspira viene por medio de la oración y de la contemplación.

Fue providencia divina el que estos pueblos diversos, creados todos por el mismo Dios, se hubieran reunido en la colonia romana de Palestina. Todos eran seres humanos, todos creados a imagen y semejanza de Dios. No había ningún derecho para que la gente se opusiera ni se despreciara entre sí. No había ningún derecho para que se declarara injusto, impuro o insignificante a alguien en razón de su trabajo o condición de vida. No había el menor derecho para que unos pocos se enriquecieran a costa de la explotación y de la miseria de las masas populares. Esto de ninguna manera reflejaba al Dios del amor. Estoy seguro de que Jesús, siendo niño, gozó la diversidad de vida de la gente que vivía en su región; los niños no respetan las barreras de segregación inventadas y creadas por los adultos. El amor de Jesús por Dios y su intimidad con ese Dios como su Padre amadísimo le comunicó tales posibilidades en su humanidad de una forma tan peculiar que nadie pudo siquiera imaginarlo. Jesús había recibido mucho de muchos; ahora era el tiempo de llevar a los demás al regazo de la nueva humanidad formada por toda la gente y todos los pueblos de la tierra. De verdad, esto era una nueva raza, una nueva creación, sumamente fascinante, sobre la faz de la tierra.

No es de admirarse que Jesús les haya dicho: "vayan a Galilea" (Mateo 28:10). Y hoy, San Antonio es una de las Galileas de nuestro mundo en el que la nueva creación continúa erupcionando. Al reflexionar en los relatos de los evangelios desde nuestra propia experiencia, nos resulta muy fácil imaginar y contemplar a Jesús realmente presente entre nosotros. Mediante las imágenes culturales de los evangelios, el sentido de nuestra propia vida, de nuestras luchas y de nuestra misión toma un significado nuevo y sorprendente, también un desafío de la misma magnitud. También hoy y hasta el fin de los tiempos, Dios continúa y continuará siendo un Dios de increíbles sorpresas en las Galileas de nuestro tiempo en las que seguimos contemplando a Jesús en medio de los marginados, el mismo Jesús que continúa llamándonos por nuestro nombre a ser sus discípulos.

Bibliografía

Beattie, Tina. *Rediscovering Mary: Insights from the Gospels* [Redescubriendo a María. Aportes desde los evangelios]. Liguouri, MO: Triumph Books, 1995.

Betz, Hans Dieter. *Jesus and the Cynics: Surveys and Analysis of a Hypothesis* [Jesús y los cínicos: encuestas y análisis de una hipótesis]. *Journal of Religion* 74, no. 4 (1994):453–476.

Blumenthal, David R. *Repentance and Forgiveness* [Arrepentimiento y perdón]. *Cross Currents* 48, no. 1 (1998):75-83.

Boff, Leonardo, and Virgil Elizondo, eds. 1942-1992: *The Voice of the Victims* [La voz de las víctimas]. Philadelphia: Trinity Press International, 1990.

Bonino, José Miguez. *Faces of Latin American Protestantism* [Rostros del protestantismo latinoamericano]. 1993 Carnaham Lectures. Traducido por Eugene L. Stockwell. Grand Rapids: W. B. Eerdmans, 1997.

Borg, Marcus J. *Jesus, a New Vision. The Spirit, Culture, and the Life of Discipleship* [Jesús, una nueva visión. El espíritu, la vida y la cultura del discipulado]. San Francisco: Harper and Row, 1987.

Brown Douglas, Kelly. *The Black Christ* [El Cristo negro]. The Bishop Henry McNeal Turner Studies in North American Black Religion; Vol. 9. Maryknoll: Orbis Books, 1994.

Brown, Raymond E. *La Muerte del Mesías. Desde Getsemaní hasta el sepulcro.* Vol. I. Stella: Verbo Divino, 2005.

Brown, Raymond E. *El nacimiento del Mesías.* Madrid: Cristiandad, 1988.

Cavadini, John C. *The Last Christology of the West: Adoptionism in Spain and Gaul* [La última cristología de Occidente: Adopcionsimo en España y Gaulia]. Philadelphia: University of Pennsylvania Press, 1993.

Collins, John J., and Sterling, Gregory E. *Hellenism in the Land of Israel* [Helenismo en la tierra de Israel]. Notre Dame, IN: Notre Dame Press, 2001.

Crossan, John Dominic. *Jesús: vida de un campesino judío.* Teófilo de Lozoya, traductor. Madrid: Grupo Grijalbo-Mondadori, 1994.

Cunneen, Sally. *In Search of Mary: The Woman and the Symbol* [En busca de María: la mujer y el símbolo]. New York: Balantine Books, 1993.

Diano, Peter. *Mary Mother of Sorrows, Mother of Defiance* [María, Madre de Dolores, Madre de desafío] Maryknoll: Orbis Books, 1993.

Del Castillo, José García. *La imagen es el mensaje.* Caracas: Ediciones Trípode: 1987.

DeMaris, Richard E. "The Baptism of Jesus: A Ritual-Critical Approach" in *The Social Setting of Jesus and the Gospel* [El Bautismo de Jesús: un acercamiento crítico-ritual. *En* El contexto social de Jesús y el Evangelio]. Editado por Wolfgang Stegmann, Bruce J. Malina, and Gerard Theissen. Minneapolis: Fortress Press, 2002.

Dillenberg, Jane. *Sytle and Content in Christian Art: From the Catacombs to the Chapel Designed by Mattisse at Vence, France* [Arte y contenido en el arte cristiano: desde las catacumbas a la capilla diseñada por Matisse en Vence, Francia] New York: Abingdon Press, 1965.

Downing, F. Gerald. *Christ and the Cynics: Jesus and Other Radical Preachers in the First Century Tradition* [Cristo y los cínicos: Jesús y otros predicadores radicales en la tradición del primer siglo]. Sheffield, UK: JSOT Press, 1988.

Dunn, James D.G. *Jesus and the Spirit* [Jesús y el Espíritu]. Grand Rapids, MI: W.B. Eerdmans, 1997.

Eddy, Paul Rhodes. *Jesus as Diogenes? Reflections on the Cynic Jesus Thesis* [¿Jesús como Diógenes? Reflexiones en torno a la tesis de Jesús como cínico]. *Journal of Biblical Literature* 115, no. 3 (1996):449-469.

Elizondo, Virgilio. *El futuro es mestizo: vivir donde se juntan las culturas.* San Antonio: MACC, 2000.

Elizondo, Virgilio y Tim Matovina. *San Fernando Cathedral: Soul of the City* [La catedral de San Fernando: el alma de la ciudad]. Maryknoll: Orbis Books, 1998.

Elizondo, Virgilio. *El caminar del galileo. La promesa México Americana.* San Antonio: MACC, 2002.

Elizondo, Virgilio. *Guadalupe:* madre de la nueva creación. Buenos Aires: Guadalupe, 1999.

Elizondo, Virgilio. *The Way of the Cross: The Passion of Christ in the Americas* [El Vía crucis: la pasión de Cristo en el continente americano]. Maryknoll: Orbis Books, 1992.

Emerson, Yancey, and Chai Kim. *United in Faith: The Multicultural Congretation as an Answer to the Problem of Race* [Unidos en la fe: la congregación multicultural como una respuesta al problema racial]. Oxford: University Press, 2003.

Endo, Shusaku. *A Life of Jesus* [Una vida de Jesús]. Traducido por Richard A. Schuchert. New York: Paulist Press, 1989.

Fiorenza, Elizabeth Schüssler. *Jesus and the Politics of Interpretation* [Jesús y la polémica de la interpretación]. New York: Continuum, 2000.

Freyne, Sean. *Galilee, Jesus, and the Gospels: Literary Approaches and Historical Investigations* [Galilea, Jesús y los Evangelios: acercamiento literario e investigaciones históricas]. Minneapolis: Fortress Press, 1988.

García-Rivera, Alejandro. *A Wounded Innocence: Sketches for a Theology of Art* [Una inocencia herida: esquemas para una teología del arte]. Collegeville: The Liturgical Press, 2003.

Guebara, Ivone, and María Clara Bingemer. *Mary, Mother of God, Mother of the Poor* [María, madre de Dios, madre de los pobres]. Maryknoll: Orbis Books, 1989.

Goizueta, Roberto, *Caminemos con Jesús: Toward a Hispanic/Latino Theology of Accompaniment* [Caminemos con Jesús: hacia una teología Hispana/Latina de el acompañamiento]. Maryknol: Orbis Books, 1995.

Groody, Daniel G. *Border of Death, Valley of Life* [Frontera de muerte, valle de vida]. New York: Rowman & Little Field, 2002.

Gutiérrez, Gustavo. *Hablar de Dios desde el sufrimiento del inocente. Una reflexión sobre el libro de Job.* Lima: Instituto Fray Bartolomé de las Casas, 1986.

Gutiérrez, Gustavo. *Beber en su propio pozo.* Salamanca: Sígueme, 1984.

Hendrickx, Herman. *The Resurrection Narratives of the Synoptic Gospels* [Los relatos de la resurrección en los evangelios sinópticos]. Londres: G. Chapman, 1984.

Hendrickx, Herman. *The Third Gospel for the Third World* [El tercer evangelio para el tercer mundo]. Collegeville: The Liturgical Press, 1984.

Hennessey, Anne. *The Galilee of Jesus* [La Galilea de Jesús]. Roma: Editrice Pontificia Universita Gregoriana, 1994.

Hertig, Paul. *The Multi-ethnic Journeys of Jesus in Matthew: Margin-Center Dynamics* [Los peregrinajes multiétnicos de Jesús en Mateo: dinámicas de centralización y marginalización]. *Missionology: An Internacional Review* 31, no.1 (1998): 23-35.

Herzog, William R. *Jesus, Justice and the Reign of God: A Ministry of Liberation* [Jesús, la justicia y el Reino de Dios: un ministerio de liberación]. Louisville: West Minster John Knox Press, 2000.

Horsley, Richard A. *Archaelogy, History and Society in Galilee* [Arqueología, historia y sociedad en Galilea]. Harrisburg, PA: Trinity Press International, 2000.

Horsley, Richard A. *Galilee: History, Politics, People* [Galilea: gente, historia y políticas]. Harrisburg, PA: Trinity Press International, 1997.

Jeremias, Joachim. *Jerusalem in the Time of Jesus: An Investigation into Economic and Social Conditions during the New Testament Period* [Jerusalén en tiempos de Jesús: una investigación de las condiciones socioeconómicas durante el período del Nuevo Testamento], Philadelphia: Fortress Press, 1969.

Juan Pablo II. Carta encíclica *Redemptor hominis*. Roma, 1979.

Jonson, Elizabeth A. *Truly Our Sister: A Theology of Mary in the Communion of Saints* [Nuestra verdadera hermana: una teología de María en la comunión de los santos]. New York: Continuum, 2003.

Jorge, Marinus de. *Christology in Context: The Earliest Christian Response to Jesus* [Cristología en contexto: la respuesta más antigua a Jesús]. Philadelphia: Westminster Press, 1988.

Just, Arthur A. *Ongoing Feast* [Fiesta continua]. Collegeville: The Liturgical Press, 1993.

Küster, Volker. *The Many Faces of Jesus Christ* [Los múltiples rostros de Jesucristo]. Maryknoll: Orbis Books, 1999.

Lampman, Lisa Barnes. *God and the Victim: Theological Reflections on Evil, Victimization, Justice, and Forgiveness* [Dios y la víctima: reflexiones teológicas acerca del mal, la victimización, la justicia y el perdón], Washington, DC: Neighbors Who Care, 1999.

Latourelle, Rene. *Finding Jesus Through the Gospels: History and Hermeutics* [Encontrando a Jesús por medio de los Evangelios: historia y hermenéutica], New York: Alba House, 1978.

Laurentin, Rene. *Structure et theologie de Luc I-II* [Estructura y teología de Lucas I-II]. Paris: Etudes Bibliques, 1957.

Linskins, John. *Christ Liberator of the Poor: Secularity, Wealth, and Poverty in the Gospel of St. Luke* [Cristo liberador del pobre: secularismo, riqueza y pobreza en el Evangelio de san Lucas]. Scripture Today Series Volumen 4. San Antonio: Mexican American Cultural Center, 1976.

McArthur, John F. *Forgiveness* [Perdón]. Wheathon, IL: Crosway Books, 1998.

Malina, Bruce J. *The New Testament World: Insights from Cultural Anthropology* [El mundo del Nuevo Testamento: aportes de la antropología cultural]. Lousiville: Westminster John Knox Press, 2001.

Mateos, Juan y F. Camacho. *El Evangelio de Mateo.* Madrid: Ediciones Cristiandad, 1981.

Matovina, Tim y Gary Riebe-Estrella. *Horizons of the Sacred: Mexican Traditions in U.S. Catholicism* [Horizontes de lo sagrado: tradiciones mexicanas en el catolicismo estadounidense]. Ithaca, NY: Cornell University Press: 2002.

McDonell, Kilian. *The Baptism of Jesus in the Jordan and the Descent into Hell* [El Bautismo de Jesús en el Jordán y su descenso al infierno]. Worship 69, no. 2 (2001): 98-109.

Meier, John P. *Un judío marginal: una nueva visión del Jesús histórico.* Volumen II, Estella: Verbo Divino, 2001.

Meier, John P. *Un judío marginal: una nueva visión del Jesús histórico.* Volumen I, Estella: Verbo Divino, 1994.

Menni, Albert. *The Colonizer and the Colonized* [El colonizador y el colonizado]. Boston: Beacon Press, 1972.

Meyers, Eric M., ed. *Galilee through the Centuries: Confluence and Cultures* [Galilea a lo largo de los siglos: confluencia y culturas]. Duke Judaic Studies Series, vol. Winnona Lake, IN: Eisenbrauns, 1999.

Mitchell, Margaret M. *Social World of the First Christians* [Mundo social de los primeros cristianos]. Minneapolis: Augsburg Fortress, 1995.

González-Faus, José Ignacio. *Acceso a Jesús.* Madrid: Sígueme, 1979.

Moltman, Jurgen. *The Crucified God: The Cross of Christ as the Foundation and Criticism of the Christian Theology* [El Dios crucificado: la cruz de Cristo como el cimiento del criticismo de la teología cristiana]. New York: Harper and Row, 1974.

Neyrey, Jerome H. *Honor and Shame in the Gospel of Matthew* [Honor y vergüenza en el Evangelio de Mateo]. Louisville: Westminster John Knox Press, 1998.

Nolan, Albert. *Jesus before Christianity* [Jesús antes de la cristiandad]. Maryknoll, NY: Orbis Books, 1992.

O'Gorman, Bob, and Faulker, Mary. *Why Do We Say Mary Was "Ever Virgin"?* [¿Por qué decimos que María fue "Siempre Virgen"? *US Catholic 66,* no 5. (2001):38.

Pallares, José Cárdenas. *A Poor Man Called Jesus: Reflections on the Gospel of Mark* [Un hombre pobre llamado Jesús: reflexiones en torno al Evangelio de Marcos]. Maryknoll: Orbis Books, 1986.

Pablo VI. *Evangeli nuntiandi.* Roma: Librería Editrice Vaticana, 1975.

Peelman, Achiel. *Christ Is a Native American* [Cristo es un nativo americano]. Maryknoll: Orbis Books, 1995.

Pelikan, Jaroslav. *Jesus through the Centuries: His Place in the History of Culture* [Jesús a lo largo de los siglos. Su lugar en la historia de la cultura]. New York: Perennial Library, 1987.

Pelikan, Jaroslav. *Mary through the Centuries: Her Place in the History of Culture [María a lo largo de los siglos: su lugar en la historia de la cultura].* New Haven: Yale University Press, 1996.

Perrin, Norman. *Rediscovering the Teaching of Jesus* [Redescubriendo la enseñanza de Jesús]. New York: Harper and Row, 1976.

Power, Mark Allan. *Jesus as a Figure in History: How Modern Historians View the Man of Galilee* [Jesús como figura en la historia: cómo los historiadores modernos ven al hombre de Galilea]. Louisville: Westminister John Knox Press, 1996.

Riley, Gregory J. *One Jesus, Many Christs: How Jesus Inspired Not Only One Christianity, but Many: The Truth About Christian Origins* [Un Jesús, muchos

Cristos: cómo Jesús inspira no sólo una cristiandad, sino muchas. La verdad en torno a los orígenes cristianos]. San Francisco: Harper San Francisco, 1997.

Sanders, E. P. *The Historical Figure of Jesus* [La figura histórica de Jesús]. London: Penguin, 1993.

Schaberg, Jane. *The Illegitimacy of Jesus: A Feminist Theological Interpretation of the Infancy Narratives* [La ililegitimidad de Jesús: una interpretación teólogica feminista de los relatos de la infancia]. New York: Crossroad, 1990.

Schmithals, Walter. *Theology of the First Christians* [Teología de los primeros cristianos]. Louisville: Westminster John Knox Press, 1997.

Scheinders, Sandra M. *Written That You Might Believe: Encountering Jesus in the Fourth Gospel* [Escrito para que crean: encontrando a Jesús en el cuarto Evangelio]. New York: Crossroad, 1999.

Schökel, Luis Alonso. *A Manual of Hermeneutics. The Bible Seminar Series* [Un manual de hermenéutica. Series en torno a la Biblia], traducido por Liliana M. Rosa. Edición de estilo por Brook W. R. Pearson. Sheffield: Sheffield Academic Press, 1998.

Schökel, Luis Alonso. *La palabra inspirada. La Biblia a la luz de la ciencia del lenguaje*. Barcelona: Herder, 1966..

Schökel, Luis Alonso. *The Literary Language of the Bible: The Collected Essays of Luis Alonso Schökel* [El lenguaje literario de la Biblia: los ensayos selectos de Luis Alonso Schökel]. Bibal Collected Essays, vol. 3. N. Richland Hills, TX: D & F Scott, 2001.

Schottroff, Luise, and Wolfgang Stegeman. *Jesus and the Hope of the Poor* [Jesús y la esperanza de los pobres] Maryknoll: Orbis Books, 1986.

Schreiter, J. Robert., editor. *Faces of Jesus in Africa* [Rostros de Jesús en África]. Maryknoll: Orbis Books, 1991.

Segovia, Fernando F. *Decolonizing Biblical Studies. A View from the Margins* [Descolonizando los estudios bíblicos. Una perspectiva desde los márgenes], Maryknoll: Orbis Books, 1991.

Segovia, Fernando F. *Interpreting beyond Borders* [Interpretando más allá de las fronteras], Sheffield: Sheffield Academy Press, 2000.

Senior, Donald. *Jesus, A Gospel Portrait* [Jesús. Un retrato del Evangelio]. Dayton: Pflaum Publishers, 1975.

Soares-Prabhu, George M., And Francis Xavier D'Sa, ed. *Innocence* [Inocencia]. Maryknoll: Orbis, 2003.

Soares-Prabhu, George M., And Francis Xavier D'Sa, ed. *The Praxis of Jesus* [La praxis de Jesús]. Maryknoll: Orbis Books, 1978.

Sobrino, Jon. *Christology at the Crossroads. A Latin American Approach* [Encrucijada cristológica. Una perspectiva latinoamericana. [Maryknoll: Orbis Books, 1978].

Sobrino, Jon. *Jesus the Liberator. A Historical-Theological View* (Jesucristo Liberador. Una perspectiva histórico-teológica]. Maryknoll: Orbis Books, 1993.

Sölle, Odrote. *The Strength of the Weak: Toward a Christian Feminist Identity* [La fuerza de los débiles: hacia una identidad cristiana femenista]. Traducido por Robert y Rita Kimber. Philadelphia: Westminster Press, 1984.

Sugirtharajah, R. S., ed. *Asian Faces of Jesus* [Rostros asiáticos de Jesús]. Maryknoll: Orbis Books, 1993.

Theissen, Gerd y Annete Merz. *The Historical Jesus: A Comprehensive Guide* [El Jesús histórico: una guía comprehensiva]. Minneapolis: Fortress Pres, 1988.

Theisen, Gerd. *The Shadow of the Galilean. The Quest of Historical Jesus in Narrative Form* [La sombra del galileo. La búsqueda del Jesús histórico en la narrativa]. Philadelphia: Fortress Press, 1998.

Tercera Conferencia General del Episcopado Latinoamericano, Puebla, México, enero de 1979. Discurso de apertura. Documentos finales. *Puebla and Beyond* [Puebla y más], editado por John Eagleson y Philip Scharper. Maryknoll: Orbis Books, 1979.

Thurman, Howard. *Jesus and the Desinherited* [Jesús y los desheredados]. Boston: Beacon Press, 1996.

Van Aarde, Andries. *Fatherless en Galilea: Jesus as Son of God.* [Orfandad paterna en Galilea: Jesús como Hijo de Dios]. Harrisburg, PA: Trinity Press International, 2001.

Van Voorst, Robert E. *Jesus. Outside the New Testament: An Introduction to the Ancient Evidence: Studying the Historical Jesus* [Jesús fuera del Nuevo Testamento: una introducción a la evidencia antigua, estudiando al Jesús histórico], Grand Rapids, MI: W.B. Eerdmans, 2000.

Wink, Walter. *Engaging Powers: Discernment and Resistance in a World of Domination* [Uniendo fuerzas: discernimiento y resistencia en un mundo de dominación]. Minneapolis: Fortress Press, 2000.

Wink, Walter. *John the Baptist in the Gospel Tradition* [Juan Bautista en la Tradición Evangélica]. Londres: Cambridge University Press, 1968.

Wink, Walter. *The Human Being: Jesus and the Enigma of the Son of Man* [El ser humano: Jesús y el enigma del Hijo del Hombre]. Minneapolis: Fortress Press, 2002.

Acerca del autor

Virgilio Elizondo es uno de los teólogos más conocidos e influyentes en el mundo católico de los Estados Unidos de América, tanto entre quienes hablan español como entre las comunidades de habla inglesa. Mediante su obra y ministerio, Virglio Elizondo ha mostrado junto al Galileo que nos describe en esta obra, junto a María de Guadalupe, la Estrella de la Nueva Evangelización, la realidad de una Iglesia con rostros de toda raza, lengua, pueblo y nación. Lo ha hecho mediante sus años de enseñanza en distintas universidades del país: primero como fundador del Centro Cultural México Americano (MACC) y ahora como profesor en la Universidad de Notre Dame. Así mismo, ha vivido su ministerio en medio de los pobres, no sólo como rector de la Catedral de San Fernando (San Antonio, Texas) o durante sus casi cuarenta años de ministerio sacerdotal en medio de su pueblo texano.

Por su innovación, ministerio, docencia y labor pastoral en todos los ámbitos de la Iglesia, la revista *Time* lo calificó como uno de los líderes religiosos más influyentes e innovadores para el tercer milenio.

Entre sus múltiples obras escritas destacan: *La búsqueda humana, Cristianismo y cultura, Virgen y Madre, La Morenita: evangelizadora de América, El caminar del galileo: la promesa México-Americana, El futuro es mestizo: vivir donde se juntan las culturas, Guadalupe: madre de la nueva creación, Celebración mestiza* (con Tim Matovina), *La Catedral de San Fernando: alma de la ciudad* (con Tim Matovina), *Un retiro con Nuestra Señora de Guadalupe y Juan Diego, El Vía crucis: la pasión de Cristo en América* y *Jesús de Galilea: un Dios de increíbles sorpresas.*